Adelbert von Chamisso

Peter Schlemihls
wundersame Geschichte

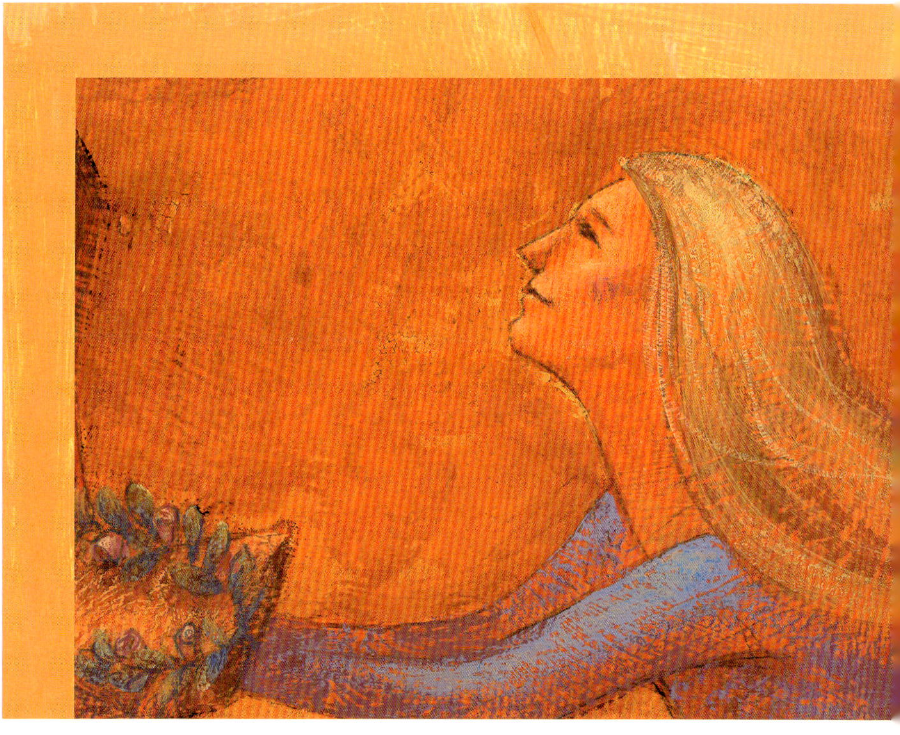

Bearbeitet von **Patrizia Caruzzo**

Redaktion: Jacqueline Tschiesche
Computerlayout: Sara Blasigh
Projektleitung und Graphik: Nadia Maestri
Illustrationen: Duilio Lopez

© 2004 Cideb Editrice, Genua

Erstausgabe: September 2004

Bildnachweis: Seite 5: Bildarchiv Preußischer Kulturbesitz, Berlin;
Seiten 64-65 und 78: Brücke Museum, Berlin.

Die Autorin dankt Frau Gabriele Müller für ihre freundliche Unterstützung.

Unser besonderer Dank geht an Willi Sagert und den Deutschlandfunk für die Überlassung des Manuskripts und der Hörspielversion von „Peter Schlemihl oder die Reise nach Varna".

Trotz intensiver Bemühungen konnten nicht alle Inhaber von Text- und Bildrechten ausfindig gemacht werden. Für entsprechende Hinweise ist der Verlag dankbar.

Alle Rechte vorbehalten. Die Verbreitung dieses Buches oder von Teilen daraus durch Film, Funk oder Fernsehen, der Nachdruck und die fotomechanische Wiedergabe sind nur mit vorheriger schriftlicher Genehmigung des Verlages gestattet.

Wir würden uns freuen, von Ihnen zu erfahren, ob Ihnen dieses Buch gefallen hat. Wenn Sie uns Ihre Eindrücke mitteilen oder Verbesserungsvorschläge machen möchten, oder wenn Sie Informationen über unsere Verlagsproduktion wünschen, schreiben Sie bitte an:
redaktion@cideb.it
www.cideb.it

ISBN 978-88-530-0173-3 Buch
ISBN 978-88-530-0174-0 Buch + CD

Gedruckt in Genua, Italien, bei Litoprint

Inhalt

	Einleitung	5
KAPITEL **1**	**Schlemihl verkauft seinen Schatten**	9
	ÜBUNGEN	14
KAPITEL **2**	**Schlemihl bereut seine Entscheidung**	18
	ÜBUNGEN	25
KAPITEL **3**	**Bendel wird Schlemihls bester Freund**	26
	ÜBUNGEN	33
KAPITEL **4**	**Eine traurige Liebesgeschichte**	36
	ÜBUNGEN	42
KAPITEL **5**	**Der graue Mann kehrt zurück**	46
	ÜBUNGEN	52
KAPITEL **6**	**Der graue Mann macht einen neuen Vorschlag**	55
	ÜBUNGEN	60
	Peter Schlemihl in der Kunst	63
KAPITEL **7**	**Schlemihl und Bendel trennen sich**	67
	ÜBUNGEN	71

KAPITEL 8	Der graue Mann verfolgt Schlemihl	73
	ÜBUNGEN	78
KAPITEL 9	Die Siebenmeilenstiefel	80
	ÜBUNGEN	84
KAPITEL 10	Schlemihl bereist die ganze Welt	86
	ÜBUNGEN	89
	INTERNETPROJEKT	91
KAPITEL 11	Schlemihls neues Leben	92
	ÜBUNGEN	97
	Der Doppelgänger in der Literatur	100
	Das Doppelgängermotiv: eine psychoanalytische Erklärung	101
	Hörspiel: Peter Schlemihl oder Die Reise nach Varna	103
	ABSCHLUSSTEST	110
	LÖSUNGEN	112

FIT2 Mit Übungen zur Vorbereitung der Prüfung Fit in Deutsch 2

Die CD enthält den vollständigen Text. Das Symbol kennzeichnet den Anfang der Hörübungen.

Adolf Neumann
Chamisso um 1830
(Bildarchiv Preußischer Kulturbesitz Berlin)

Einleitung

Adelbert von Chamisso wurde 1781 in Frankreich in der Champagne geboren. Nach der Französischen Revolution (er war erst 9 Jahre alt), zog er mit seiner Familie zuerst in die Niederlande, dann nach Deutschland. Dort lebte die Familie in Bayreuth, Düsseldorf, Würzburg. Mit 17 wurde Chamisso Angehöriger [1] des Preußischen Heeres [2]. Er las Rousseau, Voltaire, Diderot, Klopstock und Schiller.
Er fing an zu schreiben (zuerst auf Französisch, später auch auf Deutsch) und wollte mit seinen Eltern zurück nach Frankreich, aber er bekam keine Ausreisegenehmigung [3] und musste deswegen alleine in Deutschland bleiben.

1. **r Angehörige(n)** : Mitglied einer Gruppe.
2. **s Heer(e)** : e Armee.
3. **keine Ausreisegenehmigung bekommen** : nicht das Land verlassen dürfen.

Chamisso studierte Literatur, Philosophie und Griechisch.

1810 wurde er endlich vom Heer freigestellt und zog nach Paris, wo er viele berühmte Persönlichkeiten seiner Zeit, wie z. B. Fichte, Madame de Staël, Schlegel kennen lernte. Später fing er an, Medizin und Botanik an der Universität von Berlin zu studieren.

1813 schrieb er sein berühmtestes Werk, *Peter Schlemihls wundersame Geschichte*, eine symbolische Autobiographie. Es ist die Geschichte eines Mannes, der dem Teufel seinen Schatten verkauft. Schlemihl bekommt ein Glückssäckel dafür, das immer mit goldenen Münzen gefüllt ist. Er glaubt damit, alle seine Probleme gelöst zu haben. Aber in Wirklichkeit beginnen diese erst: Isolation und Einsamkeit. Probleme, die Chamisso selbst hatte, als er jahrelang weit entfernt von seiner Heimat lebte.

1814 lernte er E.T.A Hoffmann kennen.

1815 nahm er als Naturforscher an einer Weltreise teil. Sie dauerte drei Jahre. Seine Erfahrungen beschrieb er in seinem Werk *Reise um die Welt* (**1836**). Später wurde Chamisso Direktor des Botanischen Gartens von Berlin.

Chamisso ist einer der größten Persönlichkeiten der deutschen Spätromantik. Er schrieb viele Gedichte, Balladen und Lieder, die sehr berühmt wurden und großen Erfolg hatten. Seine bekanntesten Werke sind *Deutsche Volkssagen* und *Das Schloss Boncourt*. Schumann setzte einige seiner Gedichte in Musik um [1], wie zum Beispiel *Frauenliebe und -leben*.

Adelbert von Chamisso starb **1838** in Berlin.

---

1. **umsetzen** : in eine andere Form umwandeln.

Ernst Ludwig Kirchner Titelblatt zu Peter Schlemihls wundersame Geschichte, Farbholzschnitt, 1915

1 Wähle die passende Antwort

1. Chamisso wurde
   A in den Niederlanden
   B in Deutschland
   C in Frankreich
   geboren.

2. Er fing an
   A auf Deutsch
   B auf Englisch
   C auf Französisch zu
   schreiben.

3. Zuerst studierte er
   A Geschichte.
   B Musik.
   C Literatur.

4. Dann studierte er
   A Latein und Griechisch.
   B Literatur und Philosophie.
   C Medizin und Botanik.

5. Er schrieb *Peter Schlemihls wundersame Geschichte* im Jahr
   A 1813.
   B 1830.
   C 1833.

6. Er nahm als Naturforscher an
   A einer Weltreise
   B einer langen Europareise
   C einer kurzen Südamerikareise
   teil.

7. Die Reise dauerte
   A 3 Wochen.
   B 3 Monate.
   C 3 Jahre.

8. Er wurde Direktor des Botanischen Gartens von
   A Düsseldorf.
   B Würzburg.
   C Berlin.

9. Sein berühmtestes Werk ist
   A *Das Schloss Boncourt.*
   B *Reise um die Welt.*
   C *Peter Schlemihls wundersame Geschichte.*

10. Er starb 1838 in
    A Bayreuth.
    B Berlin.
    C der Champagne.

KAPITEL 1

Schlemihl verkauft
seinen Schatten

Nach einer glücklichen Seefahrt erreichte ich den Hafen. Ich suchte sofort ein Zimmer für die Nacht. Dann fragte ich den Hausdiener [1]: „Wo kann ich Herrn Thomas John finden?" Er zeigte mir ein neues Landhaus vor dem Nordertor [2]. Ich hatte einen Brief mit Referenzen bei mir und dachte: „Hoffentlich kann mir Thomas John helfen."

Als ich das Landhaus erreichte und klingelte, war Thomas John mit seinen Freunden im Park. Er war sehr höflich zu mir und

---

1. **r Hausdiener**(-) : r Helfer.
2. **s Nordertor**(e) : Tor im Nordteil der Stadt.

Peter Schlemihls wundersame Geschichte

ich gab ihm den Brief seines Bruders. Er öffnete ihn und fragte: „Wie geht es meinem Bruder?", aber wartete die Antwort nicht ab und sprach mit seinen Freunden weiter. „Nur wer mindestens eine Million besitzt, der ist jemand", sagte er und ich antwortete: „Sie haben Recht."

Er lächelte und sagte: „Vielleicht habe ich später Zeit, um Ihren Brief zu lesen."

Die Gruppe ging in Richtung Hügel. Ich kannte niemanden dort. Man erzählte sich Witze und Rätsel [1], aber ich verstand sie nicht.

Ein wunderschönes Mädchen stand da, Fanny. Sie hatte sich an einem Dorn [2] verletzt und jemand fragte: „Hat jemand ein Pflaster [3] für sie?" Ein stiller, großer, dünner Mann half ihr. Ich hatte ihn vorher nicht gesehen. Er war in Grau gekleidet. Er zog ein Pflaster aus seiner Tasche und gab es der jungen Frau.

Dann erreichten wir den Hügel und der Blick [4] war herrlich.

Herr John sagte: „Ich brauche sofort ein Teleskop."

Der graue Mann zog ein Teleskop aus seiner Tasche heraus und gab es Herrn John. Das Teleskop ging von Hand zu Hand, aber nicht zurück zum Eigentümer [5].

Ich fragte mich: „Wie ist dieses große Teleskop aus jener winzigen [6] Tasche herausgekommen?" Aber niemand hatte etwas bemerkt oder das komisch gefunden.

1. **s Rätsel(-)** : Wortspiele raten.
2. **r Dorn(en)** : spitzer Teil einer Pflanze.
3. **s Pflaster(-)** : Klebeverband bei Verletzungen.
4. **r Blick(e)** : s Panorama.
5. **r Eigentümer(-)** : r Besitzer.
6. **winzig** : sehr klein.

Peter Schlemihls wundersame Geschichte

Jemand sagte: „Wir möchten gern auf dem Rasen[1] sitzen und dort Obst essen, aber wir haben keinen Teppich." Sofort zog der graue Mann einen riesigen[2] Teppich aus seiner Tasche heraus.

Auch dieses Mal wunderte sich niemand. Jetzt wurde ich aber neugierig.

„Wer ist dieser Herr?" fragte ich einen jungen Mann, aber auch er kannte den grauen Mann nicht.

Es war jetzt ziemlich heiß, die Sonne schien und Fanny fragte den grauen Mann: „Haben Sie vielleicht auch ein Zelt da?"

Und er zog ein Zelt aus seiner Tasche heraus. Der nächste Wunsch waren drei Reitpferde und er zauberte auch diese aus seiner Tasche.

„Nur weil ich es sehe, glaube ich daran", dachte ich.

Niemand kümmerte[3] sich um mich, und deshalb beschloss ich, die Gesellschaft zu verlassen. „Ich gehe wieder in die Stadt und komme Morgen früh zurück," sagte ich zum Abschied.

Plötzlich sah ich den grauen Mann hinter mir. Es war klar, dass er mit mir reden wollte. Mit leiser, unsicherer Stimme fragte er mich: „Entschuldigen Sie, ich habe eine Bitte: Ich habe Ihren wunderschönen Schatten bemerkt und möchte Sie fragen, wollen Sie ihn mir vielleicht verkaufen?"

„Der muss verrückt sein", dachte ich.

Der graue Mann sagte dann: „In meiner Tasche finden Sie bestimmt etwas Interessantes."

Ich antwortete: „Ich verstehe nicht. Wie kann ich Ihnen meinen Schatten..."

1. **r Rasen**(-) : e Wiese.
2. **riesig** : sehr groß.
3. **sich kümmern um** : sich beschäftigen mit.

Schlemihl verkauft seinen Schatten

Er unterbrach mich und sagte: „Keine Sorge [1]. Ich brauche nur Ihre Erlaubnis, dann hebe [2] ich Ihren Schatten auf, das ist alles. Und ich möchte Ihnen natürlich dafür danken. In meiner Tasche habe ich viele interessante Sachen. Sie können auswählen."

Er beschrieb die Sachen in seiner Tasche: „Ich habe unter anderem eine echte Springwurzel, eine Alraunwurzel, Wechselpfennige, Raubtaler, das Tallertuch von Rolands Knappen, ein Galgenmännlein, aber vielleicht sind Sie eher an Fortunatis Wunschhütlein [3] interessiert oder sogar an dem Glückssäckel [4]."

Das Letztere fand ich besonders interessant; aber ich hatte Angst, und es schwindelte [5] mir. Ich war wie verzaubert [6].

„Warum schauen Sie sich dieses Säckel nicht an?" fragte er und gab mir das Säckel. Darin fand ich zehn Goldstücke und wieder zehn und wieder zehn...

„Einverstanden! Für den Beutel [7] können Sie meinen Schatten haben."

Der graue Mann kniete [8] auf dem Gras nieder, hob meinen Schatten auf, faltete [9] ihn zusammen und ging dann weg.

Irgendwo hörte ich jemanden leise lachen.

1. **e Sorge(n)** : s Problem.
2. **aufheben** : vom Boden aufnehmen.
3. **Springwurzel... Wunschhütlein** : magische Gegenstände zur Auswahl.
4. **s Glückssäckel(-)** : kleiner Sack, der Glück bringt.
5. **schwindeln** : sich nicht wohl fühlen.
6. **verzaubert** : fasziniert.
7. **r Beutel(-)** : hier Tasche.
8. **knien** : sich auf die Knie niederlassen.
9. **zusammenfalten** : sorgfältig zusammenlegen.

ÜBUNGEN

Leseverständnis

FIT 2 **1** Was steht im Text? Richtig (R) oder falsch (F)?

	R	F
1. Schlemihl suchte Herrn Thomas John.	☐	☐
2. Schlemihl fand ihn alleine im Park.	☐	☐
3. Herr Thomas John half ihm sofort.	☐	☐
4. Der graue Mann zog ein Pflaster, einen Teppich, ein Teleskop und drei Pferde aus seiner Tasche.	☐	☐
5. Die Leute im Park waren freundlich zu Schlemihl. Er kannte alle.	☐	☐
6. Der graue Mann wollte Schlemihls Schatten kaufen.	☐	☐
7. Im Glückssäckel fand Schlemihl viele Silbermünzen.	☐	☐

Hören

FIT 2 **2** Schlemihl ist im Gasthof und erhält einige Informationen. Sind die folgenden Informationen richtig (R) oder falsch (F)? Höre den Text zweimal.

	R	F
1. Der Name des Gasthofs ist „Der arme Teufel".	☐	☐
2. Der Gasthof hat 7 Zimmer.	☐	☐
3. Es gibt 3 freie Zimmer.	☐	☐
4. Der Preis eines Einzelzimmers pro Nacht ist 1 Silbermünze.	☐	☐
5. Schlemihl wählt ein Zimmer mit Dusche.	☐	☐
6. Der Preis ist inklusiv Frühstück.	☐	☐

ÜBUNGEN

Schreiben

FIT2 ❸ Du bist der Bruder von Thomas John und willst einen Referenzbrief (ca. 50 Wörter) für Schlemihl schreiben. Die folgenden Fragen können dir helfen. Erinnere dich: Du willst ihm helfen.

1. Seit wann kennst du Schlemihl?
2. Wie lange hat er bei dir gearbeitet?
3. Er hat bei dir als... gearbeitet.
4. Wo hat er früher gearbeitet?
5. War man mit ihm zufrieden/unzufrieden?
6. Beschreibe Schlemihls Persönlichkeit (gute und schlechte Seiten).

Lesen

FIT2 ❹ Als Schlemihl nach der Seereise die Stadt erreicht, liest er folgenden Artikel in der Zeitung.

DER BERÜHMTE MILLIONÄR ENDLICH BEI UNS!

Der berühmte Herr Thomas John (44) ist endlich in der Stadt. Er ist ein sehr reicher Mann und hat ein sehr schönes Landhaus vor dem Nordertor gekauft. Das Landhaus gehörte früher Herrn Wallis. Es ist ein Haus aus rotem und weißem Marmor und hat viele Säulen. Herr Thomas John ist Buchhändler und liest gern. In seinem Haus hat er eine große Bibliothek mit 4000 Büchern. Er hat viele Freunde und organisiert oft Partys in seinem Garten.

Was ist richtig (R)? Was ist falsch (F)?

	R	F
1. Herr John ist 47 Jahre alt.	☐	☐
2. Er ist ein berühmter Mann.	☐	☐
3. Er ist ein armer Teufel.	☐	☐

ÜBUNGEN

		R	F
4.	Er hat neulich eine schöne Wohnung gekauft.	☐	☐
5.	Sein Haus befindet sich in der Nähe von dem Nordertor.	☐	☐
6.	Früher hat das Haus seinen Eltern gehört.	☐	☐
7.	Das Haus ist ganz weiß und hat keine Säulen.	☐	☐
8.	Herr John ist Buchhändler.	☐	☐
9.	Sein Lieblingshobby ist Lesen.	☐	☐
10.	Er organisiert oft Partys mit seinen Freunden im Garten.	☐	☐

Wortschatz

5 Wer findet die Wörter?
Hier haben sich 12 Wörter versteckt: suche sie waagerecht und senkrecht. Kannst du sie finden?

Brief — Sonne — Zelt — Tasche — Schatten — Teppich — Teleskop — Gold — Haus — Seefahrt — Zimmer — Hügel

```
E T A S C H E Ü
S E E F A H R T
C P Z E L T M E
H P I H A U S L
A I M Ü L G O E
T C M G Z O N S
T H E E T L N K
E H R L G D E O
N O B R I E F P
```

Ein bisschen **Grammatik**

6 In der folgenden Wortliste fehlen die passenden Artikel und die Pluralform. Erinnerst du dich an sie?

A		P
	Seefahrt	
	Hafen	
	Brief	
	Pflaster	
	Teleskop	
	Zelt	
	Wunsch	

A		P
	Schatten	
	Erlaubnis	
	Glückssäckel	
	Gras	
	Teppich	
	Anblick	
	Hügel	

7 Ergänze mit der passenden Präposition.

mit — aus — in — von

1. Herr Thomas John war .... seinen Freunden .... dem Park.
2. Der graue Mann zog ein Teleskop .... seiner Tasche heraus.
3. Das Teleskop ging .... Hand zu Hand.
4. Schlemihl dachte: „Ich gehe wieder .... die Stadt."
5. Der graue Mann wollte .... Schlemihl reden.
6. „............... meiner Tasche finden Sie bestimmt etwas Interessantes."
7. Der graue Mann beschrieb die Sachen .... seiner Tasche.

KAPITEL 2

Schlemihl bereut[1]
seine Entscheidung

Ich verließ den Park mit dem Glückssäckel und ging in Richtung Stadt.
Plötzlich sagte eine alte Frau zu mir: „Junger Herr! Wissen Sie, dass Sie keinen Schatten haben?"

Ich antwortete: „Ja, danke" und warf ihr ein Goldstück zu.

Später traf ich andere Leute auf der Straße. Sie bemerkten auch meinen fehlenden[2] Schatten.

Also spazierte ich nicht mehr in der Sonne. Aber das war nicht

---

1. **bereuen** : bedauern.
2. **fehlend** : abwesend sein.

Peter Schlemihls wundersame Geschichte

immer möglich. Einmal musste ich eine breite Strasse überqueren [1].
Plötzlich kamen viele Kinder aus der Schule. Ein Junge kritisierte mich vor seinen Freunden und sagte: „Korrekte Leute haben immer ihren Schatten bei sich." Ich aber wollte unbedingt weg und warf ihnen einige Goldmünzen zu.

Zum Glück kam da eine Kutsche vorbei und ich stieg ein.

Ich wurde traurig und dachte: „Mein Schatten hatte einen großen Wert und ich wusste das nicht."

Ich wollte zurück in mein Zimmer. Dann aber dachte ich: „Jetzt habe ich viel Geld und kann mir wenigstens eine bessere Unterkunft leisten [2]." Also holte ich meine Sachen und zog in ein sehr schönes Hotel.

Das Hotel lag im Norden und ich brauchte keine Angst vor der Sonne haben. Das Zimmer war sehr schön. Dann zog ich alles Gold aus der Tasche. Bald war das Gold überall auf dem Boden des Zimmers verstreut. Ich legte mich darauf und verbrachte so die ganze Nacht.

Frühmorgens wachte ich auf. Ich war hungrig und hatte Durst. Das Geld war für mich jetzt nicht mehr so wichtig.

„Was soll ich bloß damit tun?" fragte ich mich. Ich wollte es wieder in das Glückssäckel hineintun, aber das war unmöglich. Die Tasche war nämlich schon voll und das Geld auf dem Boden war so viel, dass es im Glückssäckel keinen Platz mehr hatte.

Also legte ich alle Goldmünzen in einen großen Schrank [3] und rief den Wirt [4]:

1. **überqueren** : auf die andere Seite der Straße gehen.
2. **sich etwas leisten** : für etwas genug Geld haben.
3. **r Schrank("e)** : Möbelstück für Kleider.
4. **r Wirt(e)** : Besitzer eines Restaurants.

Schlemihl bereut seine Entscheidung

„Ich brauche etwas zu Essen und Trinken und auch einen Diener. Können Sie mir jemanden empfehlen?" fragte ich.

Der Wirt antwortete: „Ich kenne einen Mann, der Bendel heißt. Er ist sehr treu und sehr intelligent. Sie werden ihn sicher mögen."

Und er hatte Recht. Ich fand Bendel sehr sympathisch.

Den restlichen Tag verbrachte ich in meinem Zimmer mit zahlreichen [1] Schneidern [2], Schustern [3] und Kaufleuten. Ich hatte einfach zu viele Goldmünzen und wollte sie ausgeben. Deshalb kaufte ich viele Edelsteine [4] und andere Wertgegenstände [5].

Eigentlich wollte ich nicht mehr mein Zimmer verlassen, weil ich Angst vor den Leuten hatte. Aber am Abend schlich [6] ich mich doch heimlich [7] raus. Die Nacht war sehr hell. Es war nämlich Vollmond. Mehrere Leute sahen mich und meinen fehlenden Schatten und ich musste in mein Zimmer zurück. Ich wurde wieder sehr traurig und konnte die ganze Nacht nicht schlafen.

Am folgenden Tag rief ich Bendel: „Bitte, tue mir ein Gefallen. Ich habe vorgestern einen Mann kennen gelernt. Bitte such ihn. Ich muss ihn unbedingt finden und mit ihm sprechen." Ich beschrieb Bendel den grauen Mann genau und gab ihm viel Geld. Das Gold und die Edelsteine sollten Bendel bei der Suche helfen.

1. **zahlreich** : viel.
2. **r Schneider(-)** : wer Kleider herstellt.
3. **r Schuster(-)** : Schuhmacher.
4. **r Edelstein(e)** : z.B. Diamanten, Rubinen usw.
5. **r Wertgegenstand("e)** : wertvolle Sachen.
6. **schleichen** : sich vorsichtig bewegen.
7. **heimlich** : unauffällig.

Peter Schlemihls wundersame Geschichte

Ich wartete den ganzen Tag in meinem Zimmer.

Bendel kam sehr spät zurück. Er sah sehr traurig und müde aus.

Er hatte den grauen Mann nicht gefunden und auch die Gäste von Herrn John konnten sich nicht an ihn erinnern.

„Du kannst jetzt schlafen gehen", sagte ich zu Bendel. Er aber: „Zuerst muss ich Ihnen noch etwas erzählen. Heute Vormittag habe ich einen Mann vor der Tür gesehen. Er sagte mir: ‚Informieren Sie bitte Herrn Schlemihl, dass ich abreisen und sofort zum Hafen muss. Ich werde ihn in einem Jahr und einem Tag wiedersehen. Wir müssen uns wieder treffen. Ich habe nämlich ein interessantes Geschäft für ihn.' Ich fragte ihn: ‚Wie heißen Sie?' und er antwortete: ‚Herr Schlemihl kennt mich schon.' Dann ging er weg."

Ich fragte meinen Diener: „Wie sah dieser Mann aus?" Bendel beschrieb ihn genau.

„Das kann nur der graue Mann sein", sagte ich verzweifelt [1].

„Sie haben Recht, aber ich habe ihn nicht erkannt! Und ich habe meinem Herrn nicht helfen können." Bendel war genauso unglücklich wie ich.

Ich tröstete [2] ihn und schickte ihn zum Hafen. Aber an jenem Morgen fuhren viele Schiffe in verschiedene Richtungen ab und Bendel fand keine Spur [3] von dem grauen Mann.

1. **verzweifelt** : unglücklich.
2. **trösten** : jmds Leid lindern.
3. **e Spur(en)** : s Zeichen.

Leseverständnis

FIT2 **1** Was steht im Text? Richtig (R) oder falsch (F)?

	R	F
1. Alle Leute auf der Straße bemerkten Schlemihls fehlenden Schatten.	☐	☐
2. Schlemihl dachte: „Mein Schatten hatte einen großen Wert und ich wusste es."	☐	☐
3. Schlemihl zog in ein schönes Hotel um.	☐	☐
4. Schlemihl schlief auf den Goldmünzen auf dem Boden seines Hotelzimmers.	☐	☐
5. Schlemihl fand Bendel nicht besonders sympathisch.	☐	☐
6. Schlemihl wollte den grauen Mann nicht wieder sehen.	☐	☐
7. Bendel sah den grauen Mann, aber er erkannte ihn nicht.	☐	☐

2 Verbinde.

1. Ich verließ den Park
2. Wissen Sie,
3. Also spazierte ich
4. Ein Junge
5. Ich holte meine Sachen
6. Das Geld war für mich jetzt
7. Ich brauche etwas

a. nicht mehr in der Sonne.
b. und ging in Richtung Stadt.
c. zu essen und trinken.
d. dass Sie keinen Schatten haben?
e. nicht mehr so wichtig.
f. und zog in ein sehr schönes Hotel.
g. kritisierte mich vor seinem Freunden.

Hören

 3 Schlemihl trifft sich mit Schneidern, Schustern und Kaufsleuten in seinem Zimmer. Sie stellen ihm einige Fragen. Hör den Text zweimal und wähle A, B oder C.

1. Was für Edelsteine will er kaufen?
   A Diamanten und Rubine, aber keine Smaragde.
   B Rubine und Smaragde.
   C Nur Diamanten.
2. Wie viele Diamanten will er kaufen?
   A 350 Stück.
   B 250 Stück.
   C 150 Stück.
3. Will er Teppiche kaufen?
   A Nicht jetzt, vielleicht später.
   B Ja, sofort.
   C Nein.
4. Wie viele Schuhe will er kaufen?
   A 17 Paare.
   B 77 Paare.
   C 70 Paare.
5. Welche Farbe mag er nicht?
   A Weiß.
   B Braun.
   C Blau.
6. Welche Größe müssen die Schuhe haben?
   A 44.
   B 43.
   C 42.
7. Wie viele Anzüge braucht er im Moment?
   A 25.
   B 51.
   C 50.

Sprechen

4 Du bist Schlemihl und musst Bendel den grauen Mann beschreiben. Die folgenden Fragen können dir helfen.

1. Ist er groß oder klein?
2. Ist er dick oder dünn?
3. Welche Farbe hat sein Anzug?
4. Hat er viele Haare?
5. Welche Farbe haben seine Haare und Augen?
6. Hat er einen Bart und Schnurrbart?
7. Ist sein Gesicht weiß oder rot?

Ein bisschen **Grammatik**

5 Hier sind einige starke Verben aus dem Kapitel 2. Im Text hast du sie im Präteritum gefunden. Erinnerst du dich an die Form im Präsens (dritte Person Singular) und im Perfekt?

Präsens	Präteritum	Perfekt
verlässt	verließ	hat verlassen
....	warf	....
....	war	....
....	lag	....
....	rief	....
....	fand	....
....	verbrachte	....
....	beschrieb	....

6 Hier ist ein Auszug aus Kapitel 2. Schlemihl erzählt seine Geschichte. Jetzt erzählst du seine Geschichte einem Klassenkameraden. Achte auf die Personal- und Possessivpronomen. Benutze das Perfekt. Die Verben „haben" und „sein" und die Modalverben bleiben im Präteritum.

Ich fand Bendel sehr sympathisch. **Ich** verbrachte den ganzen Tag in **meinem** Zimmer mit zahlreichen Schneidern, Schustern und Kaufleuten. **Ich** hatte nämlich zu viele Goldmünzen und konnte sie nicht behalten. Dann kaufte **ich** viele Edelsteine und andere Wertgegenstände. **Ich** wollte eigentlich nicht mehr aus **meinem** Zimmer gehen. **Ich** hatte Angst vor den Leuten. Aber am Abend ging **ich** heimlich raus. Die Nacht war sehr hell: es war nämlich Vollmond. Mehrere Leute sahen **mich** und **meinen** fehlenden Schatten und **ich** musste zurück in **mein** Zimmer. **Ich** wurde wieder traurig und konnte die ganze Nacht nicht schlafen. Den folgenden Tag rief **ich** Bendel.

Beginn mit: „**Er** hat Bendel sehr sympathisch gefunden"

KAPITEL 3

Bendel wird Schlemihls bester Freund

Ich war verzweifelt.

Ich war allein mit meinem Gold in meinem Zimmer. Ich dachte ständig: „Ich habe einen großen Fehler gemacht. Jetzt bin ich sehr reich, aber wegen dieses Goldes bin ich einsam und allein. Ich kann niemandem mein Geheimnis verraten, weil die Leute vor mir Angst haben und mich meiden [1], wenn sie die Wahrheit erfahren. Ich habe sogar Angst vor meinem Diener und beneide ihm, denn er hat einen Schatten und ich nicht."

Auch Bendel war sehr traurig, weil er mir bei der Suche nach dem grauen Mann nicht helfen konnte. Er dachte, dass es seine

1. **meiden** : keine Beziehung zu Personen haben wollen.

28

Schuld war. Ich aber wusste, dass das nicht der Fall war.

Eines Tages kam mir eine Idee und ich sagte zu Bendel: „Ich möchte mit einem berühmten Maler sprechen. Bitte suche einen und richte es ihm aus[1]."

Bald darauf besuchte mich ein Maler. Ich wollte mit ihm unter vier Augen sprechen und sagte: „Sie sind ein sehr guter und berühmter Maler. Ich will Ihnen ein Geheimnis anvertrauen und Sie um einen Gefallen bitten. Können Sie jemandem einen falschen Schatten malen?"

„Wieso?" fragte der Maler.

„Diese Person hat letzten Winter wegen der großen Kälte ihren Schatten in Russland verloren", log[2] ich.

Der Maler antwortete: „Ich kann einen falschen Schatten malen, aber er bleibt bei jeder Bewegung fest auf dem Boden. Wenn diese Person keinen Schatten hat, muss sie unbedingt die Sonne vermeiden. Das ist die einzige Lösung." Der Maler ging weg.

Ich war verzweifelt und dachte an meinen Diener: „Bendel ist so gut zu mir, er respektiert mein Leiden[3] und er stellt keine Fragen."

Ich beschloss, ihm mein Geheimnis zu verraten[4].

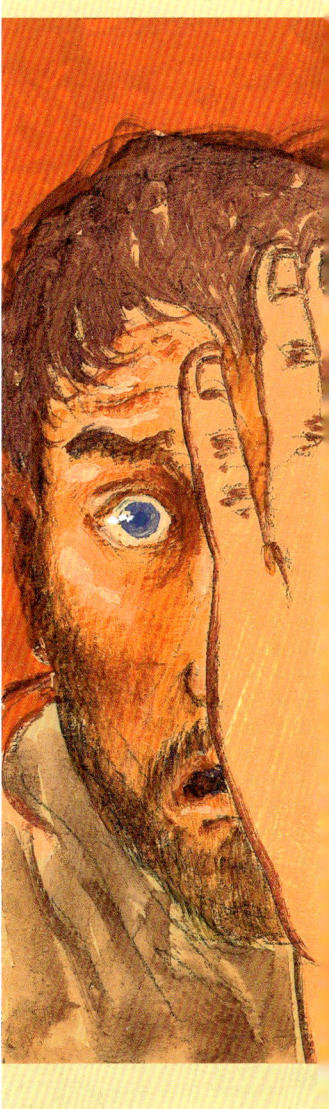

1. **ausrichten** : mitteilen.
2. **lügen** : nicht die Wahrheit sagen.
3. **s Leiden**(-) : e Traurigkeit.
4. **verraten** : erzählen, anvertrauen.

Peter Schlemihls wundersame Geschichte

„Bendel, ich bin reich, gutmütig und freigiebig [1], aber ich habe keinen Schatten. Bitte verlasse mich nicht. Du bist mein einziger Freund."

„Sie haben keinen Schatten?" fragte Bendel ungläubig.

Dann begann er zu weinen und sagte: „Ich verlasse meinen Herrn nicht. Ich bleibe bei Ihnen und helfe Ihnen."

Und das tat er wirklich. Er war immer bei mir und half, wo er nur konnte.

Geduldig wartete ich auf den Besuch des grauen Mannes. Mein Leben wurde ein bisschen erträglicher. Ich wagte mich wieder unter Menschen und die Wahrheit blieb unser Geheimnis. Es war mir aber klar, dass ich nie lange an einem Ort bleiben konnte.

Dann passierte plötzlich etwas Unverhofftes [2]. Früher hatten mich viele Leute gemieden oder mich einfach uninteressant gefunden. Dagegen dachten jetzt viele Menschen: „Dieser Schlemihl ist wirklich intelligent."

Ich traf die wunderschöne Fanny wieder, aber sie erinnerte sich nicht mehr an mich. Trotzdem war sie an mir interessiert. Ich wollte immer bei ihr sein, aber das war natürlich nicht möglich. Es war schwierig, denn ich konnte sie nur nachts treffen.

Dann wurde die Liebesgeschichte zu einer Katastrophe.

Eines Abends hatte ich viele Freunde bei mir und spazierte mit Fanny im Park. Wir waren weit weg von den anderen und sprachen miteinander. Auf einmal kam der Mond aus den Wolken heraus und Fanny bemerkte nur ihren Schatten auf

---

1. **freigiebig** : nicht geizig, großzügig.
2. **unverhofft** : unerwartet.

Peter Schlemihls wundersame Geschichte

dem Boden. Meinen Schatten konnte sie nicht sehen. Während sie ihn suchte, sah sie mich ungläubig an. Dann fiel sie in Ohnmacht [1]. Ich überließ sie meinen Gästen und rannte zu meiner Kutsche. Bendel, der in der Stadt geblieben war, kam gleich zu mir. Ich sah furchtbar aus und Bendel begriff sofort, was passiert war.

Ich hatte große Angst und wusste, es gab nur eine einzige Lösung : sofort verschwinden. Ich nahm einen Wagen zusammen mit einem schlauen [2] Diener namens Rascal und wir fuhren sofort weg. Bendel blieb noch in der Stadt, weil er meine Dinge erledigen sollte.

Als Bendel am Tag danach zu uns kam, war ich verzweifelt und versprach ihm: „In Zukunft bin ich bestimmt nicht mehr so dumm und werde vorsichtiger sein. Bitte verzeih mir."

Und wir setzten unsere Reise fort, um so schnell wie möglich den Ort meines Leidens hinter uns zu lassen.

1. **in Ohnmacht fallen** : plötzlich bewusstlos werden.
2. **schlau** : klug.

ÜBUNGEN

Leseverständnis

FIT2 ① Was steht im Text? Richtig (R) oder falsch (F)?

	R	F
1. Schlemihl und Bendel waren beide sehr traurig.	☐	☐
2. Schlemihl wollte mit einem berühmten Maler alleine sprechen.	☐	☐
3. Der Maler konnte ihm nicht helfen.	☐	☐
4. Schlemihl wollte Bendel sein Geheimnis nicht verraten.	☐	☐
5. Bendel wollte Schlemihl verlassen.	☐	☐
6. Fanny war an Schlemihl interessiert.	☐	☐
7. Plötzlich bemerkte Fanny Schlemihls fehlenden Schatten.	☐	☐

FIT2 ② Wähle die passende Antwort.

1. Warum war Schlemihl verzweifelt?
   - A Er fühlte sich allein und isoliert.
   - B Er hatte kein Geld.
   - C Er hatte ein Geheimnis.
2. Warum war Bendel traurig?
   - A Er hatte keinen Schatten.
   - B Er konnte Schlemihl nicht helfen.
   - C Er war isoliert.
3. Was sagte der Maler?
   - A Ich kann nicht malen.
   - B Die Person ohne Schatten muss die Sonne vermeiden.
   - C Ich war letzten Winter in Russland.
4. Schlemihl verriet Bendel sein Geheimnis, denn
   - A Bendel war verzweifelt.
   - B Bendel war reich.
   - C Bendel war gut zu ihm und respektierte sein Leiden.
5. Fanny
   - A war sehr intelligent.
   - B musste immer auf die Nacht warten.
   - C erinnerte sich nicht an Schlemihl.

ÜBUNGEN

Wortschatzarbeit

3 Hier ist eine Zeichnung von Schlemihl. Schreibe die passenden Wörter neben die Körperteile.

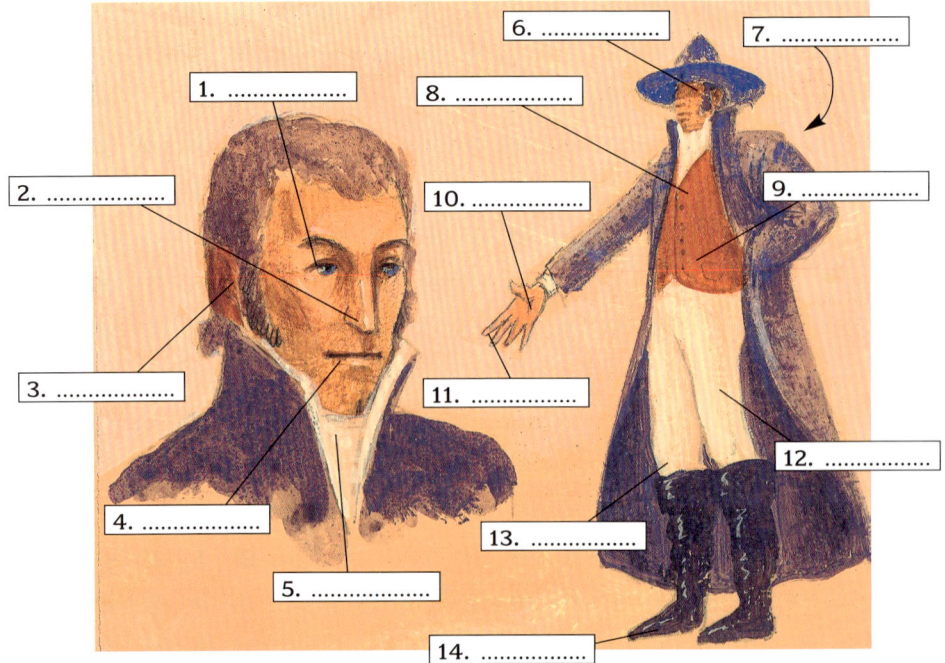

Kopf — Auge — Nase — Mund — Ohr — Hals — Brust —
Bauch — Rücken — Hand — Finger — Bein — Fuß — Knie

4 Was passt?

1. Ich bin allein mit meinem *Gold/Silber* in meinem Zimmer.
2. Ich möchte mit einem *berühmten/traurigen* Maler sprechen.
3. Können Sie jemandem einen *großen/falschen* Schatten malen?
4. Bendel ist gut zu mir, er respektiert mein *Gefallen/Leiden* und stellt keine Fragen.
5. Bendel sagte: „Ich verlasse meinen *Herrn/Freund* nicht."

6. Viele Menschen dachten. „Dieser Schlemihl ist wirklich *geduldig/intelligent*."
7. In der *Zukunft/Vergangenheit* bin ich bestimmt nicht mehr so dumm.

Schreiben

5 Lies das Kapitel noch einmal und ergänze dann mit Hilfe der unten stehenden Liste.

Ich traf die wunderschöne Fanny wieder, aber sie **1**.................... sich nicht an mich. Aber sie war an mir **2**.................... Ich wollte immer bei ihr sein, aber das war natürlich nicht **3**.................... Es war schwierig, denn ich konnte sie nur **4**.................... treffen. Aber plötzlich wurde diese Liebesgeschichte zu einer Katastrophe. Eines **5**.................... hatte ich viele Freunde bei mir und spazierte mit Fanny im **6**.................... . Wir waren weit weg von den anderen und sprachen miteinander. Auf einmal kam der **7**.................... aus den Wolken heraus und sie bemerkte nur ihren **8**.................... auf dem Boden. Meinen Schatten konnte sie **9**.................... sehen. Während sie ihn suchte, sah sie mich **10**.................... an.

Abends — erinnerte — interessiert — möglich — Mond— nachts — nicht — Park — Schatten — ungläubig

6 Bilde Sätze.

1. ich einem Maler möchte berühmten sprechen mit
2. wagte ich Menschen wieder mich unter
3. die erinnerte sich mehr Schlemihl Fanny nicht wunderschöne an
4. bemerkte Schatten auf Boden Fanny dem ihren nur
5. war nicht mir Bendel leider bei
6. in bin bestimmt mehr so Zukunft ich nicht dumm
7. immer fuhren weiter Tage für wir einige

KAPITEL 4

Eine traurige Liebesgeschichte

Bendel erreichte vor mir unser neues Domizil, einen Badeort, und fand dort eine Wohnung für mich. Er gab viel Geld aus und sagte niemandem den Namen seines Herrn. So wurden die Leute neugierig.

Anfangs war ich sehr glücklich, aber dann wurde ich wieder traurig.

Die Sonne schien. Plötzlich sahen wir eine Gruppe Leute auf der Straße. Sie wollten uns begrüßen, um unsere Ankunft in der Stadt zu feiern und unsere Kutsche konnte nicht weiter. Da war auch eine Gruppe mit schönen Mädchen, aber eine von ihnen, Mina, war besonders hübsch. Sie begrüßte mich und gab mir

Eine traurige Liebesgeschichte

einen Blumenkranz. Ich war wie verzaubert und verstand kaum ihre Worte. Sie kniete zwei Schritte vor mir, trotzdem konnte ich nicht zu ihr, weil die Sonne zu stark schien.

Bendel half mir wie immer. Er hatte ein Diadem aus Diamanten in der Hand, das ich für Fanny gekauft hatte.

Bendel ging zu Mina und sprach in meinem Namen. Er sagte: „Es muss ein Missverständnis sein. Mein Herr kann dieses Geschenk nicht akzeptieren, trotzdem danken wir den Einwohnern der Stadt herzlich."

Er nahm den Blumenkranz und überreichte das Diadem als

Peter Schlemihls wundersame Geschichte

Gegengeschenk. Dann half er dem Mädchen beim Aufstehen und wir gingen weiter.

Wir erreichten meine neue Wohnung. Auch dort standen viele neugierige Leute, doch konnte ich ohne Probleme die Kutsche verlassen.

Ich fragte mich ständig: „Was bedeutet das? Ich verstehe nicht, was diese Leute von mir wollen. Warum folgen sie mir überall hin? Sie denken bestimmt, dass ich jemand anders bin."

Also schickte ich Rascal in die Stadt, weil ich Informationen haben wollte.

Rascal kam bald zurück und sagte: „Der gute König von Preußen reist unter dem Namen eines Grafen [1] gerade durch das Land. Die Leute wollen den Grafen begrüßen."

Da begriff ich plötzlich: „Aber ich bin doch gar kein Graf!"

Rascal sagte: „Trotzdem denken die Leute, dass Sie es sind. Ich finde diese Situation sehr witzig [2], deswegen habe ich ihnen nicht die Wahrheit gesagt."

Das fand ich auch lustig. „Sie halten mich also für einen Grafen..." dachte ich.

Am folgenden Abend organisierte ich ein Fest und lud die ganze Stadt ein. Das Fest fand [3] unter den Bäumen in der Nähe meiner Wohnung statt. Die Gäste kamen und nannten mich „Herr Graf." Unter den Leuten suchte ich die wunderschöne Mina, aber sie kam erst später mit ihren Eltern. Ich wollte mit ihr sprechen, aber konnte keine Worte finden. Ich war von ihr verzaubert. Den anderen Mädchen gab ich Perlen, Edelsteine und Gold.

1. **r Graf(en)** : Adelstitel.
2. **witzig** : lustig.
3. **stattfinden** : passieren.

Eine traurige Liebesgeschichte

Am folgenden Tag sagte Bendel zu mir: „Ich hatte schon seit längerer Zeit Zweifel [1] an Rascal, aber jetzt bin ich sicher, dass er ein Dieb [2] ist. Gestern sind viele Säcke Gold verschwunden [3]."

„Das macht nichts" antwortete ich. Ich gebe doch allen viel Geld und Gold, warum nicht auch ihm? Gestern hat er mir bei dem Fest geholfen, deswegen hat er es auch verdient."

Nach meinem eleganten Fest dachten die Einwohner: „Er ist der König."

Bald schrieben aber die Zeitungen: „Die Reise des Königs war nur falsches Gerede [4]."

Für die Leute blieb ich aber trotzdem ein König. Auch wenn sie meinen Namen nicht kannten.

Mein Leben verlief sehr monoton. Niemand außer Bendel durfte in mein Zimmer. Er war den ganzen Tag bei mir. Alle dachten „Schlemihl arbeitet viel." Ich verließ mein Zimmer nur abends und besuchte Mina. Sie liebte mich, das wusste ich nun. Manchmal wollte ich ihr mein Geheimnis sagen, und manchmal wollte ich nur weg von ihr. Bendel war immer bei mir und tröstete mich. Dann dachte ich „Bald sehe ich den grauen Mann wieder und vielleicht gibt es dann endlich eine Lösung."

Minas Eltern waren brave Leute und hatten von unserer Liebe erfahren [5].

Mina war aber besorgt: „Schlemihl macht mich glücklich, aber ich bin nur ein armes Mädchen. Seine Zukunft ist eine reiche Dame."

1. **r Zweifel(-)** : e Unsicherheit.
2. **r Dieb(e)** : seine Arbeit ist stehlen.
3. **verschwinden** : nicht mehr da sein.
4. **s Gerede(-)** : Tratsch und Klatsch.
5. **erfahren** : wissen.

Peter Schlemihls wundersame Geschichte

Und ich dachte: „Ich habe ein großes Geheimnis, aber ich möchte Mina heiraten. Zuerst muss ich aber meinen Schatten zurück bekommen."

„Bitte kaufen Sie im Namen Ihrer Tochter schönes Land", bat ich Minas Vater. „Ich bezahle alles."

Eines Abends war ich bei Mina im Garten. Sie hatte in der Zwischenzeit mein Geheimnis entdeckt und weinte sehr. Ich aber wartete auf den Tag des Wiedersehens mit dem grauen Mann und war sehr nervös. Als der Tag endlich kam, gab es keine Spur von dem grauen Mann und ich war wieder verzweifelt.

Leseverständnis

FIT2 ❶ Was steht im Text? Richtig (R) oder falsch (F)?

                                                      R   F

1. Eine Gruppe Leute wollte Schlemihls Ankunft in der neuen Stadt feiern. ☐ ☐
2. Schlemihl fand Mina nicht besonders schön. ☐ ☐
3. Die Leute der Stadt glaubten, dass Schlemihl König von Russland war. ☐ ☐
4. Schlemihl organisierte ein Fest und lud die ganze Stadt ein. ☐ ☐
5. Mina war leider nicht da. ☐ ☐
6. Schlemihl war nicht in Mina verliebt. ☐ ☐
7. Mina hatte Schlemihls Geheimnis nicht entdeckt. ☐ ☐

FIT2 ❷ Was ist richtig?

1. Bendel erreichte die kleine Stadt
   - A   zusammen mit Schlemihl.
   - B   vor Schlemihl.
   - C   nach Schlemihl.

2. Die Mädchen waren alle
   - A   sehr schön, aber Mina war herrlich.
   - B   sehr schön, aber Mina war nicht besonders schön.
   - C   nicht sehr schön, nur Mina war herrlich.

3. Rascal kam bald zurück und sagte,
   - A   die Leute wollen den Grafen sehen.
   - B   die Menschen wollen Schlemihl willkommen heißen.
   - C   die Einwohner der Stadt wollen den Fürsten begrüßen.

4. Das Fest fand
   - A   im Wald
   - B   in Schlemihls Wohnung
   - C   unter den Bäumen

   statt.

ÜBUNGEN

5. Bendel sagte,
   - A gestern verschwanden viele Säcke Gold.
   - B heute Vormittag verschwanden viele Säcke Gold.
   - C heute Nachmittag verschwanden viele Säcke Gold.

6. Wer durfte in Schlemihls Zimmer?
   - A Bendel und Rascal.
   - B Nur Bendel.
   - C Niemand.

7. Schlemihl dachte,
   - A ich habe kein Geheimnis und möchte Mina heiraten.
   - B ich habe ein großes Geheimnis, aber ich möchte Mina heiraten.
   - C ich habe ein Geheimnis und ich möchte niemanden heiraten.

3 Verbinde.

1. Dort war ich zuerst glücklich
2. Sie wollten uns begrüßen und
3. Bendel ging zu ihr und
4. Der gute König von Preußen
5. Ich gab allen Mädchen
6. Für die Leute war ich
7. Ich verließ mein Zimmer nur abends

a. sprach im Namen seines Herrn
b. trotzdem der König
c. Perlen, Edelsteine und Gold
d. und dann sehr traurig
e. und besuchte Mina
f. unsere Ankunft feiern
g. reist gerade durch das Land

ÜBUNGEN

4 Immer der Reihe nach: nummeriere in zeitlicher Folge.

a. ☐ „Ich bin sicher, dass Rascal ein Dieb ist", sagte Bendel.
b. ☐ Bendel fand eine Wohnung für mich.
c. ☐ Am folgenden Abend organisierte ich ein Fest.
d. ☐ Mina hatte mein Geheimnis entdeckt.
e. ☐ Eine Gruppe Leute auf der Strasse wollte uns begrüßen.
f. ☐ Es gab keine Spur vor dem grauen Mann.
g. ☐ Die Leute dachten, dass ich ein Graf war.
h. ☐ Ich verließ mein Zimmer nur abends und besuchte Mina.
i. ☐ Ich war von Mina wie verzaubert.
j. ☐ Ich wollte mit Mina sprechen.

Wortschatzarbeit

5 Wie heißt das Gegenteil?

1. viel ....
2. niemand ....
3. zusammen ....
4. schön ....
5. stark ....
6. immer ....
7. neu ....
8. wichtig ....
9. einfach ....
10. Wahrheit ....
11. glücklich ....
12. geben ....

Ein bisschen Grammatik

6 Ergänze mit der passenden Präposition.

für — in — aus

1. Bendel fand eine Wohnung .... mich.
2. Die Leute wollten unsere Ankunft .... der Stadt feiern.

3. Schlemihl hatte die Krone .... Fanny gekauft.
4. Schlemihl konnte .... dem Wagen aussteigen und .... die Wohnung gehen.
5. „Sie halten mich .... einen Grafen", sagte Schlemihl.
6. Das Fest fand .... der Nähe von Schlemihls Wohnung statt.
7. Niemand außer Bendel durfte .... Schlemihls Zimmer.

Sprechen

7 Bendel ist in der kleinen Stadt und sucht eine Wohnung für Schlemihl. Die Leute sind neugierig und stellen ihm viele Fragen. Antworte an seiner Stelle.

1. Wie heißt Ihr Herr?
2. Wann kommt Ihr Herr an?
3. Kommt er mit Ihnen zusammen?
4. Wie lange bleibt Ihr Herr in der Stadt?
5. Ist Ihr Herr reich?
6. Suchen Sie ein Haus oder eine Wohnung?
7. Wie soll die Wohnung sein?

Hören

 8 Schlemihl organisiert ein Fest und Rascal muss ihm bei der Vorbereitung helfen. Er muss einkaufen gehen. Hör den Text zweimal und notiere, was Rascal kaufen muss.

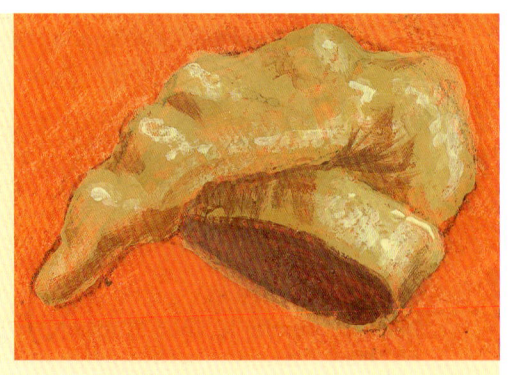

KAPITEL 5

Der graue Mann kehrt zurück

Am folgenden Tag weckte mich ein großer Lärm.
Bendel und Rascal stritten [1] sich, weil Rascal zu mir wollte und Bendel das nicht erlaubte. Ich fragte Rascal: „Was willst du?" Er antwortete: „Nur einmal Ihren Schatten sehen. Ich bin ein ehrlicher Mann und für einen schattenlosen Herrn will ich nicht arbeiten."

Bendel wollte mir helfen und zeigte Rascal das Geld. Aber Rascal interessierte das Geld nicht mehr und er verließ uns.

Am Vormittag ging ich Mina besuchen. Sie war sehr bleich [2],

---

1. **streiten** : diskutieren, kämpfen.
2. **bleich** : blass.

Der graue Mann kehrt zurück

und trotzdem sehr schön. Ihr Vater war nervös und fragte mich plötzlich: „Kennen Sie vielleicht einen gewissen Peter Schlemihl? Einen braven Mann mit einer Besonderheit?"

„Ich bin Peter Schlemihl", antwortete ich.

Minas Vater zögerte [1], dann sagte er: „Sie haben keinen Schatten, nicht wahr?"

„Ich wusste das schon seit langem", rief Mina und begann zu weinen.

„Sie haben meine Tochter betrogen [2]", erwiderte der Vater „das ist wirklich schrecklich."

Jammervoll antwortete ich: „Es ist doch nur ein Schatten."

Minas Vater wollte mehr wissen: „Wie haben Sie denn Ihren Schatten verloren?"

Ich musste lügen: „Ein armer Mann riss [3] mir meinen Schatten weg und ich lasse ihn gerade reparieren."

Minas Vater antwortete: „Andere Männer wollen meine Tochter heiraten, Sie sind nicht der einzige, deshalb gebe ich Ihnen drei Tage Zeit. In drei Tagen müssen Sie einen Schatten haben, sonst heiratet meine Tochter Sie nicht."

Mina weinte immer noch und ich ging verzweifelt weg.

Ich wollte alleine sein. Selbst Bendel war mir zuviel. Ich ging im Wald spazieren.

Da sah ich plötzlich den grauen Mann.

„Ich hatte es Ihnen doch versprochen. Ich bin zurück. Sie haben eine neue Chance. Tauschen Sie Ihren Schatten wieder ein und heiraten Sie dann Mina."

---

1. **zögern** : warten.
2. **betrügen** : jemandem nicht die Wahrheit sagen.
3. **wegreißen** : wegnehmen.

Peter Schlemihls wundersame Geschichte

„Ist wirklich heute der Tag?", fragte ich ihn ungläubig. Ich suchte mein Glückssäckel. Der graue Mann sagte: „Nein, das Säckel können Sie behalten, aber ich habe eine Bitte. Unterschreiben Sie den Zettel da."

Auf dem Zettel stand:

Der Besitzer dieses Zettels bekommt nach meinem Tod meine Seele

(Unterschrift)

Ich war erstaunt [1]. „Wer sind Sie eigentlich?" fragte ich den grauen Mann. „Das ist nicht so wichtig", antwortete er. „Ich bin nur ein armer Teufel. Ich tue meinen Freunden große Gefallen und bekomme nur Undankbarkeit [2] dafür. Bitte unterschreiben Sie hier links."

„Nein, ich unterschreibe gar nichts", protestierte ich.

„Und wieso nicht?" fragte der graue Mann drohend [3].

„Das ist nicht korrekt: Meine Seele wollen Sie jetzt," rief ich.

„Warum denn nicht, was wollen Sie nach Ihrem Tod mit Ihrer Seele tun? Sie müssen dankbar sein. Ich kaufe Ihnen Ihre Seele ab und gebe Ihnen Ihren Schatten zurück. Und Sie können Mina heiraten. Sonst wird sie Rascal heiraten, Ihr ehemaliger [4] Diener, ein Dieb! Kommen Sie, Ich leihe Ihnen diese Tarnkappe [5] hier und wir können dann ungesehen Mina besuchen."

1. **erstaunt** : überrascht.
2. **e Undankbarkeit(-)** : nicht dankbar sein.
3. **drohend** : gefährlich.
4. **ehemalig** : ex.
5. **e Tarnkappe(n)** : Maske, die unsichtbar macht.

Peter Schlemihls wundersame Geschichte

Ich hasste den grauen Mann.

„Meinen Schatten zurückkaufen? Das kommt nicht in Frage", sagte ich zu ihm. „Ich hatte Ihnen damals meinen Schatten verkauft und das war schon ein großer Fehler. Ich will auch nicht mit Ihrer Tarnkappe ungesehen Mina besuchen."

Daraufhin der graue Mann: „Ich will Ihnen aber noch etwas zeigen." Er zog meinen Schatten aus seiner Tasche. „Sehen Sie, er ist noch immer schön, fast wie neu. Unterschreiben Sie doch den Zettel," sagte er mit lockender Stimme.

Ich wusste nicht mehr, was ich tun sollte und wollte weggehen.

Der graue Mann verabschiedete sich: „Es tut mir sehr Leid. Aber vielleicht das nächste Mal... Auf Wiedersehen."

Da kam Bendel und sah meinen Schatten. Er wollte mir helfen. Drohend sagte er zu dem grauen Mann: „Geben Sie sofort Herrn Schlemihl seinen Schatten zurück", und lief hinter ihm her. Ich aber blieb allein in meinem Unglück.

Leseverständnis

FIT 2 **1** Was steht im Text? Richtig (R) oder falsch (F)?

	R	F
1. Rascal sagte: „Ich will nicht für einen schattenlosen Herrn arbeiten."	☐	☐
2. Minas Vater sagte: „Mina will Rascal heiraten. Sie liebt ihn."	☐	☐
3. Mina war sehr glücklich.	☐	☐
4. Schlemihl war traurig und ging im Wald spazieren.	☐	☐
5. Im Wald sah er den grauen Mann.	☐	☐
6. Der graue Mann wollte Schlemihls Schatten zurückhaben.	☐	☐
7. Schlemihl kaufte seinen Schatten zurück.	☐	☐

2 Immer der Reihe nach. Nummeriere in zeitlicher Folge.

a. ☐ Der graue Mann zeigt Schlemihl seinen Schatten.
b. ☐ Schlemihl sagt: „Ich unterschreibe gar nichts."
c. ☐ Minas Vater fragt: „Kennen Sie einen bestimmten Peter Schlemihl?
d. ☐ Bendel und Rascal streiten.
e. ☐ Der graue Mann sagt: „Unterschreiben Sie diesen Zettel."
f. ☐ Schlemihl geht im Wald spazieren.

ÜBUNGEN

Ein bisschen **Grammatik**

3 Benutze das Imperfekt und setze das passende Verb in der richtigen Form ein.

gehen – fragen – zeigen – wollen –
hassen – kaufen – ziehen

1. Schlemihl .... zu Rascal und Bendel und .... sie. „Was passiert hier?"
2. Bendel .... Rascal das Geld, aber er war nicht interessiert.
3. Schlemihl .... alleine bleiben.
4. Schlemihl .... den grauen Mann, deswegen .... er seinen Schatten nicht zurück.
5. Der graue Mann .... Schlemihls Schatten aus seiner Tasche.

4 Trage die Imperativformen in die Tabelle ein.

Verb	du	ihr	Sie
gehen	geh!	geht!	gehen Sie!
fragen	....	....	....
arbeiten	....	....	....
helfen	....	....	....
sagen	....	....	....
fragen	....	....	....
sein	....	....	....
unterschreiben	....	....	....
rufen	....	....	....
heiraten	....	....	....

ÜBUNGEN

Schreiben

5 Dein bester Freund hat als Hausaufgabe eine Zusammenfassung dieses Kapitel geschrieben, aber da sind einige Fehler (13). Kannst du sie finden und korrigieren?

Schlemihl und Rascal stritten. Rascal wollte Schlemihls Wohnung sehen. Er sagte ihm: „Ich will nicht mehr für einen armen Herrn arbeiten". Schlemihl ging Fanny besuchen. Sie war glücklich und weinte. Ihr Bruder sagte Schlemihl: „Andere Männer wollen meine Mutter heiraten. In fünf Tagen müssen Sie einen Schatten haben, sonst heiratet Mina Bendel". Schlemihl war müde und ging durch die Stadt spazieren und er sah den grauen Mann. Schlemihl wollte seine Goldmünze zurück, aber dafür wollte der graue Mann seine Blume haben. Schlemihl war nicht einverstanden.

Aussprache

 6 Hör dir die folgenden Wörter auf der Kassette an. Dann prüfe, ob ein „ch"-Laut oder ein „sch"-Laut gesprochen wird.

	ch	sch		ch	sch
1. (wa__)			7. (mi__)		
2. (__ritten)			8. (plötzli__)		
3. (__atten)			9. (To__ter)		
4. (ehrli__)			10. (dur__)		
5. (blei__)			11. (eintau__en)		
6. (__ön)			12. (wichti__)		

KAPITEL 6

Der graue Mann macht einen neuen Vorschlag[1]

Ich blieb allein, weinte und zog mich für drei Tage auf das Land zurück.

Am vierten Tag stand ich in der Sonne. Das hatte ich schon lange nicht mehr getan.

Da sah ich plötzlich einen Schatten. Er war meinem sehr ähnlich und ich fragte ihn: „Suchst du vielleicht deinen Herrn? Ich möchte es sehr gern sein."

Ich wollte ihn fassen[2]. Vielleicht konnte er dann wirklich mein Schatten werden und alle meine Probleme wären auf einmal

---

1. **r Vorschlag("e)** : s Angebot.
2. **fassen** : fangen.

Peter Schlemihls wundersame Geschichte

gelöst. Aber plötzlich rannte der Schatten weg.

Nach einer Weile hielt er an und betrachtete mich. Wieder wollte ich ihn fassen, aber der Schatten wurde zu einem Mann.

Dann wurde mir alles klar. Der Mann hatte ein Vogelnest in der Hand gehabt, das ihn, jedoch nicht seinen Schatten, unsichtbar gemacht hatte.

Nach etwas Suchen fand ich dann das Nest und nahm es in meine Hände. Jetzt hatte ich zwar noch immer keinen Schatten, war aber wenigstens unsichtbar.

War der arme Mann verzweifelt, so war ich glücklich: „Endlich kann ich zurück zu den Menschen", dachte ich. Und: „Hat mir der graue Mann die Wahrheit gesagt? Vielleicht hat er mich betrogen, aber jetzt habe ich wahrscheinlich ganz allein eine Lösung für mein Problem gefunden."

Ich wollte Mina unbedingt wieder sehen. Also begab ich mich so schnell wie möglich in die Stadt

Unterwegs hörte ich jemanden lachen, aber ich konnte niemanden sehen. Ich hörte wieder ein Geräusch [1], trotzdem sah ich niemanden.

Plötzlich wurde der Mann, es war der graue Mann, wieder sichtbar. Er saß neben mir und wir beide hatten einen Schatten. Der graue Mann sagte mir „Bitte, geben Sie mir mein Vogelnest zurück. Sie brauchen es nicht mehr. Ich habe es Ihnen zwar gern geliehen, aber es gehört mir." Er nahm das Nest aus meinen Händen. „Sie haben noch Zeit", sagte er. „Sie können noch alles richtig machen und Ihre geliebte Mina heiraten."

Dann kam Minas Vater. Zu seiner Frau gewendet sagte er: „Was macht Mina?" „Sie weint", antwortete Minas Mutter. „Wir haben

1. s Geräusch(e) : r Lärm.

Peter Schlemihls wundersame Geschichte

keine andere Wahl", sagte der Mann traurig. „Ja, aber du bist wirklich hart. Du willst sie einem anderen geben. Ich verstehe das, aber es ist zu früh. Warten wir noch eine Weile", sagte die Frau.

Aber der Vater war unerbittlich [1]: „Sobald sie einen reichen Mann heiratet, ist sie wieder glücklich. Die andere Liebesgeschichte vergisst sie bald. Sie sollte einen reichen Mann heiraten, wie Rascal. Er hat mich um ihre Hand gebeten. Er besitzt viel Land und viel Geld." „Aber er ist ein Dieb und er war ein Diener", sagte die Frau. „Er hat aber ohne Zweifel einen sehr schönen Schatten", erwiderte Minas Vater. „Ja, du hast Recht, aber..." antwortete seine Frau nachdenklich.

Dann kam Mina. Sie weinte immer noch und sah sehr unglücklich aus. Der Vater sagte zu ihr: „Du bist meine einzige Tochter. Ich liebe dich sehr und möchte dich glücklich sehen. Dieses Mal musst du aber auch vernünftig [2] sein. Du liebst Schlemihl sehr und anfangs habe ich ihn auch gemocht, aber jetzt ist es anders. Sogar Hunde haben einen Schatten. Du musst ihn vergessen. Es gibt einen anderen Mann, der dich heiraten will. Er ist bestimmt kein Fürst [3], trotzdem ist er sehr reich und hat einen schönen Schatten. Sei brav und gehorsam. Heirate ihn, liebe Tochter."

Das Mädchen antwortete: „Ich habe keine Wünsche mehr. Ich heirate ihn, so wie mein Vater es will."

Dann kam Rascal und Mina fiel in Ohnmacht.

Der graue Mann sah Schlemihl an und sagte: „Wie können Sie das alles ertragen? Unterschreiben Sie sofort den Zettel."

1. **unerbittlich** : hart.
2. **vernünftig** : intelligent, klug.
3. **r Fürst(en)** : Angehöriger des Adels.

Leseverständnis

FIT2 ❶ Was steht im Text? Richtig (R) oder falsch (F)?

	R	F
1. Der graue Mann will sein Nest nicht zurück.	☐	☐
2. Das Vogelnest gehört Schlemihl.	☐	☐
3. Minas Vater sagt: „Mina soll Rascal heiraten."	☐	☐
4. Minas Mutter ist mit ihrem Mann sofort einverstanden.	☐	☐
5. Mina will unbedingt Schlemihl heiraten.	☐	☐
6. Der graue Mann sagt zu Schlemihl. „Unterschreiben Sie sofort den Zettel."	☐	☐

FIT2 ❷ Wähle die passende Antwort.

1. Schlemihl blieb
   A   eine Woche
   B   zwei Tage
   C   drei Tage
   auf dem Land.

2. Das unsichtbare Nest machte
   A   einen Mann und seinen Schatten unsichtbar.
   B   einen Mann unsichtbar, aber nicht seinen Schatten.
   C   nichts unsichtbar, nur das Nest konnte man nicht sehen.

3. Der graue Mann saß neben Schlemihl und
   A   nur der graue Mann hatte einen Schatten.
   B   nur Schlemihl hatte einen Schatten.
   C   beide hatten einen Schatten.

4. Minas Vater sagte zu seiner Frau:
   A   Mina heiratet einen reichen Mann und ist bald glücklich.
   B   Mina heiratet Schlemihl und ist bald glücklich.
   C   Mina heiratet Rascal und ist bald unglücklich.

5. Minas Mutter sagte:
   A   Bendel ist ein Dieb und ein Diener.
   B   Rascal ist ein Dieb und war ein Diener.
   C   Rascal ist kein Dieb und kein Diener.

ÜBUNGEN

3 Lies das Kapitel noch einmal und dann ergänze mit Hilfe der unten stehenden Liste.

Ich wollte ihn fassen. Vielleicht 1................... er dann wirklich mein Schatten werden und alle meine Probleme auf einmal lösen. Aber 2................... rannte der Schatten weg. Nach einer 3................... hielt er und sah mich an. Ich wollte ihn fassen, aber der 4................... wurde zu einem Mensch. Dann wurde 5................... alles klar: „Es muss ein Mensch sein, der ein unsichtbares 6................... in seiner Hand hat. Dieses Nest macht einen Mann 7..................., aber nicht seinen Schatten. Dann fand ich das Nest und 8................... es in meine Hände. Jetzt hatte ich zwar keinen Schatten, trotzdem war ich unsichtbar und dieser Mann konnte 9................... mich noch meinen Schatten finden. Der 10................... Mann war verzweifelt, aber ich war 11...................: „Ich kann endlich 12................... zu den Menschen" dachte ich.

Weile — glücklich — unsichtbar — Nest — konnte — nahm — Schatten — zurück — plötzlich — arme — mir — weder

Ein bisschen **Grammatik**

4 Setze die folgenden Sätze ins Präsens und dann ins Perfekt. „Sein" und „haben" und Modalverben bleiben im Präteritum.

Ich wollte alleine sein und blieb drei Tage dort auf dem Land.
....
Nach einer Weile hielt der Schatten plötzlich und sah mich an.
....
Ein Mensch hatte das unsichtbare Nest in seiner Hand.
....
Dieser Mann konnte weder mich noch meinen Schatten finden.
....
Ich erreichte die Stadt, aber konnte niemanden sehen.
....
Der graue Mann saß neben mir und wir beide hatten einen Schatten.
....

ÜBUNGEN

Aussprache

 5 Hör gut zu und ergänze die folgenden Wörter mit „v", „f" oder „w".

1. __einen
2. __ollen
3. __ragen
4. __ielleicht
5. __assen
6. __irklich
7. __eile
8. __inden
9. __erzweifelt
10. __ahrheit
11. __ogelnest
12. __erstehen

Wortschatzarbeit

6 Welches Wort passt nicht?

1. Licht — Sonne — Strahl — Schatten
2. Hügel — Berg — Rasen — Tal
3. Gold — Seele — Silber — Edelstein
4. Bendel — Rascal — Mina — Schlemihl
5. Graf — Heer — Fürst — König
6. traurig — froh — unglücklich — verzweifelt
7. erfahren — wandern — reisen — gehen

Peter Schlemihl
in der Kunst

Die Geschichte von Peter Schlemihl inspirierte Ernst Ludwig Kirchner, den Protagonisten des deutschen Expressionismus, zu einem Zyklus von sechs Holzschnitten.

Kirchner und die „Brücke"

Kirchner wurde 1880 in Aschaffenburg geboren. Er studierte Architektur in Dresden. 1905 gründete er mit drei anderen Architekturstudenten die Künstlergruppe „Brücke", deren Führer Kirchner selbst war. Im Programm der Gruppe waren Lebensfreiheit, eine neue Lebendigkeit und die Wahrhaftigkeit besonders wichtig. Große Bedeutung hatten Techniken wie Holzschnitte, Radierungen und Lithographien. Häufige Themen waren Landschaften (am Anfang fast immer nur als Hintergrund, später als Hauptthema), Porträts, Straßen-, Zirkus- und Tanzszenen. Die Gruppe löste sich schon 1913 auf, nachdem Kirchner die *Chronik der Brücke* geschrieben hatte, die seine Kollegen zu subjektiv fanden. Trotz der kurzen Existenz der Gruppe, wurde die „Brücke" zu einem Synonym für den deutschen Expressionismus, dessen Ideal die sinnliche Harmonie aus Leben und Kunst war.

Kirchner war ein vielseitiger Künstler und beschäftigte sich mit Zeichnungen, Ölbildern, Aquarellen, Lithographien, Holzschnitten und Holzskulpturen. 1915 meldete er sich zum Kriegsdienst, aber er wurde bald wegen Gesundheitsproblemen, u.a. einem Nervenzusammenbruch beurlaubt. Er versuchte jahrelang seine physischen und psychologischen Probleme in verschiedenen Sanatorien zu kurieren. U.a. in der Schweiz, wo er seit 1918 lebte.

Kirchner und die Literatur

1916 schuf Kirchner sechs Holzschnitte als Illustrationen zu *Peter Schlemihls wundersame Geschichte*. Durch eine ausbalancierte Komposition und breite Strichführung wurden hier die

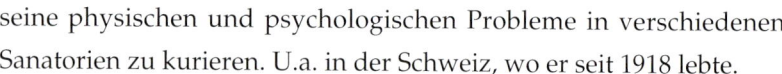

Ernst Ludwig Kirchner Begegnung Schemihls mit dem grauen Männlein auf der Straße, Farbholzschnitt, 1915.

Ernst Ludwig Kirchner Schlemihls Begegnung mit dem Schatten, Farbholzschnitt, 1915.

Verzweiflung und die tragische Einsamkeit sowie die Angst des Künstlers zum Hauptthema. Kirchner fühlte sich mit dem Protagonisten der Geschichte verbunden. Hatte Schlemihl seinen Schatten verloren, so glaubte, Kirchner durch harten Militärdienst und die Ereignisse des Ersten Weltkriegs seine Identität als Künstler verloren zu haben.

Kirchner beschäftigte sich auch mit anderen literarischen Stoffen, z.B. Petrarcas *Triumph der Liebe*, aber für ihn war das Thema eigentlich nur eine Gelegenheit, sich mit der Kunst zu konfrontieren. Sein Werk war von Spontaneität, Einfachheit und absichtlicher Primitivität charakterisiert, sein Stil von intensiven, unnatürlichen Farben. Er verzichtete auf Perspektive und Schattierung, weil er der Charakteristik der Farbe vertraute, indem er Farben intensivierte und Kontraste verstärkte. Er strebte nach einer Vergegenwärtigung der Natürlichkeit und Ursprünglichkeit.

Kirchner wurde von vielen unterschiedlichen Künstlern beeinflusst, u.a. Dürer, Munch, van Gogh. 1938 beging er Selbstmord.

❶ Fragen zum Text.

1. Was war die „Brücke"? Welche Bedeutung hatte diese Gruppe?
   ....
   ....
2. Warum löste sich die „Brücke" auf?
   ....
3. Wieso kann man sagen, dass Kirchner ein vielseitiger Künstler war?
   ....
4. Was für Probleme hatte er?
   ....
5. Was ist das Hauptthema der Holzschnitte zu „Peter Schlemihl"?
   ....
6. Wovon war Kirchners Werk charakterisiert und beeinflusst?
   ....
7. Welche Bedeutung hatte die Farbe für Kirchner?
   ....

KAPITEL 7

Schlemihl und Bendel trennen sich

Ich war verzweifelt und dachte: „Was soll ich jetzt bloß tun?" Ich fühlte mich schuldig. Mina war traurig und das war meine Schuld. Trotzdem wollte ich keinen Fehler machen und dem Mädchen helfen. Vor mir lagen der Zettel und eine Feder. Ich wollte unterschreiben, aber plötzlich fiel ich in Ohnmacht. Vielleicht war ich zu müde, zu hungrig oder ich konnte einfach den grauen Mann nicht mehr ertragen.

Erst am Abend wachte ich wieder auf. Als ich die Augen aufschlug, stand der graue Mann vor mir. Er sagte: „Wollen Sie ewig weiter schlafen? Beeilen[1] Sie sich."

1. **sich beeilen** : etwas schnell machen.

Peter Schlemihls wundersame Geschichte

Ich stand auf und hörte in der Ferne Musik. Sie kam aus Minas Haus. Die Leute feierten und tanzten ausgelassen. Zwei Leute in der Nähe sagten: „Die Hochzeit heute Vormittag zwischen Rascal und Mina war wirklich wunderschön."

„Nun ist es zu spät, " dachte ich verzweifelt.

Ich wollte Minas Garten verlassen, aber der graue Mann folgte mir und sagte: „Sie sind gar nicht dankbar. Ich war den ganzen Tag bei Ihnen und habe Ihnen geholfen, aber Sie fielen in Ohnmacht wie ein junges Mädchen. Jetzt können wir uns nicht mehr trennen. Sie haben mein Gold und ich habe Ihren Schatten. Kein Schatten hat je seinen Herrn verlassen. Und auch ich kann Sie nicht verlassen. Aber noch können Sie den Zettel unterschreiben und sich befreien. Eines Tages sind Sie bestimmt müde und unterschreiben ihn sowieso."

Er sprach weiter von meinem Schatten und seinem Gold.

Später erreichte ich endlich mein Haus, aber es sah schrecklich aus und ich konnte es fast nicht wiedererkennen. Die Tür war zu, alles war dunkel und drinnen war auch niemand zu sehen. Nicht einmal Bendel.

Der graue Mann lachte und sagte: „Ihr Freund Bendel ist bestimmt noch da. Jemand hat ihn nach Hause gebracht und er war sehr müde." Dann sagte er noch „Jetzt bin ich aber auch müde. Für heute gute Nacht und auf Wiedersehen."

Ich war froh, dass er nicht mehr bei mir war und klingelte an der Tür. Nach einer Weile kam Bendel und fragte leise: „Wer ist da?" „Ich bin es, Bendel. Gott sei Dank bist du da." Er erkannte meine Stimme und war froh, seinen Herrn endlich wieder zu sehen. Wir umarmten[1] uns und weinten eine Weile lang zusammen.

Bendel sah sehr müde und schwach aus. Mein Haar war

---

1. **sich umarmen** : die Arme um jemanden legen.

Schlemihl und Bendel trennen sich

inzwischen ganz weiß geworden. Das Haus war auch ganz verändert. Alles war kaputt. Nur im Wohnzimmer war nichts beschädigt [1].

Wir saßen dort und Bendel gab mir etwas zu essen und zu trinken.

Dann erzählte er: „Ich war dem grauen Mann stundenlang gefolgt und sah dann Ihren Schatten. Aber ich verlor seine Spur und kurz danach fiel ich in Ohnmacht. Ich war erschöpft [2]. Als ich nach Hause kam, sah alles furchtbar aus. Rascals Freunde und andere Leute haben alles kaputt gemacht. Die anderen Diener waren auch nicht mehr da und die Polizei wollte mich nicht mehr in der Nähe des Hauses haben."

Dann erzählte er weitere Neuigkeiten: „Rascal hat Ihr Geheimnis von Anfang an gekannt. Er hat viel Geld mit genommen und ist auf diese Weise sehr reich geworden."

Bendel war traurig, aber doch zufrieden, dass wir wieder zusammen waren.

Ich sagte Bendel: „Du kennst mein Schicksal und meine Schuld. Ich habe beschlossen, noch heute Nacht die Stadt zu verlassen. Du bist unschuldig und wir müssen uns trennen. Ich will alleine um die Welt wandern [3]. Hoffentlich habe ich in der Zukunft mehr Glück. Meinen treuen Diener werde ich nie vergessen. Hier findest du noch viel Gold. Es gehört dir. Das ist mein Geschenk für dich, weil ich dir sehr dankbar bin. Du hast mir sehr geholfen."

Bendel wollte sich nicht von mir trennen: „Bitte, lassen Sie mich mitkommen, ich möchte Ihnen weiterhelfen, Sie können nicht alles alleine erledigen."

1. **beschädigt** : kaputt.
2. **erschöpft** : sehr müde.
3. **wandern** : zu Fuß reisen.

Peter Schlemihls wundersame Geschichte

Ich aber hatte meine Entscheidung schon getroffen und hörte ihm nicht zu.

Ich reiste ab.

Ich hatte kein Ziel[1], keinen Wunsch und keine Hoffnung mehr.

1. s Ziel(e) : Punkt, den man erreichen will.

ÜBUNGEN

Leseverständnis

FIT2 ① Was steht im Text? Richtig (R) oder falsch (F)?

	R	F
1. Schlemihl fühlte sich schuldig.	☐	☐
2. Plötzlich fiel Schlemihl in Ohnmacht.	☐	☐
3. Er wachte gegen Mittag wieder auf.	☐	☐
4. Die Leute sagten: „Die Hochzeit zwischen Schlemihl und Mina war sehr schön."	☐	☐
5. Der graue Mann will sich nicht von Schlemihl trennen.	☐	☐
6. Schlemihl will sich nicht von Bendel trennen.	☐	☐
7. Bendel will alleine um die Welt wandern.	☐	☐

FIT2 ② Wähle die passende Antwort.

1. Schlemihl dachte,
   A Mina ist glücklich.
   B Mina ist traurig und es ist meine Schuld.
   C Mina ist traurig, aber es ist nicht meine Schuld.

2. Der graue Mann sagte zu Schlemihl:
   A Wollen Sie weiter schlafen?
   B Wollen Sie weiter warten?
   C Wollen Sie etwas essen?

3. Der graue Mann sagte:
   A Jetzt können wir uns trennen.
   B Jetzt können wir uns nicht mehr trennen.
   C Trennen wir uns sofort.

4. Bendel erkannte Schlemihls Stimme und
   A war sehr müde.
   B war sehr traurig.
   C war sehr froh.

Ein bisschen **Grammatik**

3 Ergänze mit der passenden Präposition.

in — an — aus — zwischen — von — nach

1. Plötzlich fiel ich .... Ohnmacht.
2. Erst .... Abend wachte ich wieder auf.
3. Die Musik kam .... Minas Haus.
4. Die Hochzeit .... Mina und Rascal war wunderschön.
5. Er sprach weiter .... meinem Schatten und seinem Gold.
6. Ich klingelte an der Tür und .... einer Weile kam Bendel.
7. Die Polizei wollte Bendel nicht mehr .... der Nähe des Hauses sehen.

4 Setze die passenden Reflexivpronomen ein.

1. Letztes Jahr verletzte ich .... an einem Dorn.
2. Er fühlte .... nicht sehr wohl und ging nach Hause.
3. Erinnerst du .... an unseren Englischlehrer?
4. Wir befanden .... damals in Osteuropa.
5. Ihr wollt .... nicht von eurem Hund trennen.
6. Beeilt ....! Es ist schon spät.

Aussprache

5 Hör gut zu und ergänze mit „u" oder „ü".

1. f__hlen
2. sch__ldig
3. tra__rig
4. m__de
5. T__r
6. __nterschreiben
7. __marmen
8. f__r
9. Sp__r
10. gl__cklich
11. gleichg__ltig
12. f__rchtbar

KAPITEL 8

Der graue Mann
verfolgt Schlemihl

Nach einer Weile traf ich einen Fußgänger. Er kam mit und sprach von der Macht und dem Glück der reichen Leute und erzählte mir dann seine Ansichten über die Welt und das Leben. Ich war nicht besonders interessiert, trotzdem hörte ich ihm zu, denn so brauchte ich eine Zeit lang nicht mehr an meine Probleme denken.

Da sah ich plötzlich die ersten Sonnenstrahlen und fing an, mir Sorgen zu machen. Es war Morgen und ich war nicht mehr allein. Ich sah den Fußgänger genauer an und erschrak.

Es war der graue Mann. Er lachte.

Er sagte: „Gehen wir ein Stück zusammen. Sie können hier

Peter Schlemihls wundersame Geschichte

sowieso nur diese Straße nehmen. Ich mache Ihnen einen phantastischen Vorschlag. Ich leihe Ihnen Ihren Schatten. Ihr Freund Bendel ist nicht mehr da und ich helfe Ihnen jetzt. Der Teufel ist doch nicht so schlimm, wie alle denken. Gestern war ich böse auf Sie, aber heute nicht mehr."

Ich akzeptierte sein Angebot und bekam meinen Schatten zurück. Ich ritt auf meinem Pferd, der graue Mann ging zu Fuß.

Plötzlich hatte ich eine Idee. Ich wollte mit meinem Pferd nichts wie weg..., aber mein Schatten blieb zurück bei dem grauen Mann.

Ich musste also unbedingt zurück zu ihm. Der graue Mann lachte wieder und gab mir meinen Schatten zurück. „Ihr Schatten kann bei Ihnen bleiben, aber... erinnern Sie sich? Zuerst müssen Sie den Zettel unterschreiben. Solange können wir uns nicht trennen. Das ist unser kleines Geheimnis. Ein reicher Mann wie Sie braucht doch seinen Schatten. Sie sind dumm [1], wenn Sie das nicht früher erkannt haben."

Mit meinem Schatten fand ich das Leben gar nicht mehr so schwierig. Trotzdem war ich traurig, weil er ja nicht mir gehörte. Der graue Mann half mir wirklich. Die Leute dachten „Dieser reiche Mann hat einen außergewöhnlich guten Diener. Er ist flink [2] und intelligent." Ich aber war verzweifelt. Ich hasste ihn, hatte Angst vor ihm und konnte mich doch nicht von ihm befreien.

Manchmal dachte ich: „Vielleicht hat er doch Recht. Ein reicher Mann braucht einen Schatten." Aber dann sagte ich auch zu mir: „Mina ist nicht mehr bei mir und mein Leben hat sowieso

1. **dumm** : nicht intelligent.
2. **flink** : rasch und gut arbeiten.

Peter Schlemihls wundersame Geschichte

keinen Sinn mehr. Ich werde ihm nie meine Seele geben."

Der graue Mann erzählte mir ständig das Gleiche: „Mit Ihrem Schatten und Ihrem Geld können Sie sehr viel tun." Ich war sehr böse auf ihn, wollte nur meinen Schatten zurück und hörte ihm am Ende gar nicht mehr zu.

„Ich weiß, dass Sie mich hassen", sagte mir der graue Mann eines Tages. „Ich weiß das, aber ich verstehe das nicht. Ich könnte Ihre Seele mit Gewalt [1] nehmen, wenn ich es nur wollte… trotzdem tue ich das nicht. Ich bin auch der Meinung, dass wir uns trennen müssen. Bitte, tun Sie mir einen Gefallen: Unterschreiben Sie den Zettel und ich bin sofort weg."

Ich konnte ihn nicht länger ertragen und sagte: „Ich gebe Ihnen das Säckel, geben Sie mir meinen Schatten zurück." Aber der graue Mann antwortete: „Nein, kommt nicht in Frage." Verzweifelt sagte ich: „Aber die Welt ist doch groß genug für uns beide. Trennen wir uns endlich."

Der graue Mann war schließlich einverstanden. „Wenn Sie Ihre Meinung ändern", sagte er, „schütteln [2] Sie nur das Säckel und ich bin sofort wieder da."

„Eine letzte Frage habe ich noch", erwiderte ich. „Hat auch Herr John einen Zettel unterschrieben?"

Als Antwort zog der graue Mann plötzlich den armen Mann aus seiner Tasche. Sein Gesicht war weiß, seine Lippen blau, er sah furchtbar aus.

Ich war tief erschrocken. Ich warf das Säckel weit weg und schrie so laut ich konnte: „Verschwinden Sie sofort."

1. e Gewalt(en) : Macht.
2. schütteln : bewegen.

Leseverständnis

FIT2 ❶ Was steht im Text? Richtig (R) oder falsch (F)?

		R	F
1.	Schlemihl interessieren die Ansichten des Fußgängers.	☐	☐
2.	Der Fußgänger ist der graue Mann.	☐	☐
3.	Der graue Mann will Schlemihl seinen Schatten leihen.	☐	☐
4.	Schlemihl will mit seinem Schatten wegrennen, aber sein Schatten bleibt zurück.	☐	☐
5.	Der graue Mann hilft Schlemihl.	☐	☐
6.	Schlemihl denkt: „Eines Tages verkaufe ich dem grauen Mann meine Seele."	☐	☐
7.	Herr John hat keinen Zettel unterschrieben.	☐	☐

Ein bisschen **Grammatik**

❷ Hier sind einige starke Verben aus Kapitel 8. Im Text hast du sie im Präteritum gefunden. Erinnerst du dich an die Form im Präsens (dritte Person Singular)? Wie ist die Form im Perfekt?

Präteritum	Präsens	Perfekt
traf	....	....
kam	....	....
sprach	....	....
dachte	....	....
sah	....	....
ging	....	....
half	....	....

ÜBUNGEN

3 Setze das passende Verb in der richtigen Form ein.

1. Zumindest .... ich nicht mehr an meine Probleme.
2. Ich .... sein Angebot und .... meinen Schatten zurück.
3. Ich .... mit meinem Pferd weg, aber mein Schatten .... zurück.
4. Der graue Mann .... und .... mir meinen Schatten zurück.
5. Der graue Mann .... Herrn John aus seiner Tasche.
6. Ich .... das Glückssäckel weit weg.

> akzeptieren — bekommen — bleiben — denken —
> geben — lachen — reiten — werfen — ziehen

Aussprache

 4 Hör gut zu und schreib „h", wo es notwendig ist.

1. (__örte)
2. (__allein)
3. (i__r)
4. (__alf)
5. (__asste)
6. (__atte)
7. (__und)

KAPITEL 9

Die Siebenmeilenstiefel[1]

Jetzt hatte ich kein Geld mehr und immer noch keinen Schatten. Aber ich war endlich frei. Trotzdem war ich nicht recht glücklich. Mina war nicht mehr bei mir und ich fühlte mich schuldig. In meiner Tasche hatte ich noch einige Münzen und meine Pferde waren im Wirtshaus. Ich wollte sie holen, aber dafür musste ich erst auf die Nacht warten.

Ich war sehr müde und schlief unter einem Baum ein. Ich träumte von Mina und Bendel. In meinem Traum waren sie beide glücklich, aber auch sie hatten keinen Schatten.

Plötzlich wachte ich auf. Es war leider schon Morgen und deswegen konnte ich die Pferde wieder nicht abholen.

1. **r Siebenmeilenstiefel**(-) : Stiefel, mit denen man sehr schnell und weit gehen kann.

Die Siebenmeilenstiefel

Ich beschloss, ohne sie abzureisen und nahm nur einen Holzstock[1] mit.

Später begegnete ich einem alten Bauern und unterhielt mich mit ihm. Aber plötzlich schaute er auf den Boden und fragte mich: „Wieso haben Sie keinen Schatten?" Ich antwortete: „Ich war sehr krank und verlor Haare, Nägel und Schatten. Meine Haare sind jetzt weiß, meine Nägel sind sehr kurz, aber mein Schatten ist nicht mehr nachgewachsen."

„Es war bestimmt eine schlimme Krankheit", sagte der Bauer und ging schnell weg.

Ich war wieder allein und traurig. Ich wanderte weiter. Tagsüber[2] vermied ich Straßen mit Leuten und wartete immer auf die Nacht: Erst dann konnte ich mich wieder auf den Weg machen.

Ich wollte eine Arbeit in einem Bergwerk[3] suchen, denn ich brauchte Geld. Außerdem wollte ich nicht mehr den ganzen Tag an meine Schwierigkeiten denken und im Dunkel des Bergwerkes war meine schattenlose Existenz kein Problem.

Es regnete einige Tage lang, die Sonne schien nicht und ich konnte frohen Mutes[4] weiterwandern. Aber meine alten Stiefel waren kaputt gegangen und ich brauchte unbedingt ein Paar neue.

Zuerst wollte ich neue Stiefel kaufen, aber ich hatte nicht genug Geld. Also nahm ich ein Paar gebrauchte, die fast wie neu aussahen. Ich zog sie gleich an und ging los.

Nach ein paar hundert Schritten wusste ich nicht mehr, wo ich

---

1. **Holzstock("e)** : dünner Stab aus Holz.
2. **tagsüber** : während des Tages.
3. **s Bergwerk(e)** : Grube in einem Berg, wo man z.B. Mineralien gewinnt.
4. **frohen Mutes** : optimistisch.

Peter Schlemihls wundersame Geschichte

war. Ich sah nur einen riesigen, dunklen Wald. Noch ein paar Schritte und da war nur noch Schnee und Eis. Ich drehte [1] mich um, und jetzt war vom Wald nichts mehr zu sehen. „Was ist passiert?", fragte ich mich besorgt. Es war inzwischen sehr kalt geworden und ich musste mich unbedingt bewegen, um nicht zu erfrieren. Nach ein paar Schritten sah ich den Ozean und viele Seehunde. Ich lief noch ein paar Minuten geradeaus und jetzt war es plötzlich sehr

1. **sich umdrehen** : sich auf die andere Seite drehen.

Die Siebenmeilenstiefel

heiß und ich sah Reisfelder [1] vor mir. Ich hatte die Stiefel erst seit einer Viertelstunde an.

„Das kann doch nicht wahr sein", dachte ich, „träume ich etwa?"

Dann hörte ich zwei Männer in der Nähe sprechen. Ohne Zweifel sprachen sie Chinesisch. Ich trat zwei Schritte zurück und die Landschaft war schon wieder anders: Bäume und Wälder.

Auf einmal wurde mir alles klar: Ich hatte Siebenmeilenstiefel an!

1. **s Reisfeld(er)** : wo Reis wächst.

ÜBUNGEN

Leseverständnis

FIT2 **①** Was steht im Text? Richtig (R) oder falsch (F)?

	R	F
1. Schlemihl hatte viel Geld, aber keinen Schatten.	☐	☐
2. In Schlemihls Traum waren Mina und Bendel unglücklich.	☐	☐
3. Schlemihl wollte eine Arbeit in einem Bergwerk suchen.	☐	☐
4. Schlemihl wollte alte Stiefel kaufen.	☐	☐
5. Er hörte drei Männer sprechen.	☐	☐
6. Sie sprachen Japanisch.	☐	☐

② Immer der Reihe nach. Nummeriere in zeitlicher Folge.

a. ☐ Endlich ist Schlemihl frei.
b. ☐ Er begegnet einem alten Bauern.
c. ☐ Er hört zwei Männer Chinesisch sprechen.
d. ☐ Er kann seine Pferde nicht abholen.
e. ☐ Er kauft gebrauchte Stiefel.
f. ☐ Er will eine Arbeit in einem Bergwerk suchen.
g. ☐ Seine Stiefel gehen kaputt.

③ Verbinde.

1. Mina war nicht mehr bei mir und
2. Ich war sehr krank und
3. Ich wollte eine Arbeit bei
4. Es regnete ein paar Tage lang
5. Ich wollte neue Stiefel, aber
6. Nach ein paar hundert Schritten
7. Die zwei Männer sprachen

a. einem Bergwerk suchen.
b. konnte ich mich nicht auskennen.
c. ich hatte nicht genug Geld.
d. ich fühlte mich schuldig.
e. verlor Haare, Nägel und Schatten.
f. ohne Zweifel Chinesisch.
g. und meine Stiefel gingen kaputt.

Schreiben

4 Was denkst du? Wie geht die Geschichte weiter? Schreib einen kurzen Text (zirka 50 Wörter).

....
....
....
....
....
....

Ein bisschen **Grammatik**

5 Schreib diese Sätze positiv.

1. Ich hatte kein Geld und keinen Schatten.
   ....
2. Ich konnte nicht glücklich sein.
   ....
3. Mina war nicht bei mir und ich fühlte mich schuldig.
   ....
4. In meinem Traum hatten Mina und Bendel keinen Schatten.
   ....
5. Es war schon Morgen und ich konnte die Pferde nicht abholen.
   ....
6. Der alte Bauer fragte: „Wieso haben Sie keinen Schatten?"
   ....

KAPITEL 10

Schlemihl bereist
die ganze Welt

Langsam wurde ich zuversichtlicher [1]. Ich konnte zwar nicht unter Menschen sein, aber trotzdem war mir mein Schicksal gnädig [2]: Ich durfte in der Natur sein. Ich liebte die Natur sehr und ihr Studium wurde mein Ziel.

Ich war im Tibet angelangt. Ich wanderte in Richtung Westen und kam nach Afrika. Die Landschaft war herrlich. Ich war sehr neugierig und ich besuchte die Pyramiden und einige Tempel in Ägypten. In der Vergangenheit hatten hier christliche Einsiedler [3]

---

1. **zuversichtlich** : optimistisch, hoffnungsvoll.
2. **gnädig** : gütig.
3. **r Einsiedler(-)** : r Eremit.

Peter Schlemihls wundersame Geschichte

in Höhlen gewohnt. Ich wählte eine für mich. Sie war groß, bequem und wurde mein neues Haus.

Dann wanderte ich weiter. Ich ging nach Nord- und Südeuropa, besuchte für einige Zeit Nordasien und Grönland. Danach Nord- und Südamerika, wo ich die Bergketten und Inseln erforschte. Ich machte viele neue Erfahrungen und sah die ganze Welt. Ich war immer allein, aber trotzdem glücklich und immer wieder begeistert.

Ich beschloss, auch nach Australien zu gehen, aber leider schaffte ich es nicht.

Denn ich hatte ein großes Problem: Um zu bremsen, musste ich jedes Mal die Stiefel ausziehen. Bald fand ich aber eine bessere Lösung. Ich zog ein Paar Pantoffeln über die Stiefel, konnte leichter bremsen und nahe Gegenstände genauer untersuchen[1].

Dann wurde mir klar, dass ich physikalische Instrumente und auch Bücher für mein Studium brauchte. Deswegen beschloss ich, nach London und Paris zu gehen.

Damals war es in jenen Städten immer nebelig und das war natürlich günstig[2] für mich. Als ich kein Gold mehr hatte, benutzte ich Elfenbein als Bezahlung.

Endlich hatte ich alles, was ich brauchte, und konnte mein Studium in aller Ruhe fortsetzen. Ich konnte jetzt Temperaturen und Höhenunterschiede messen, Tiere und Pflanzen bestimmen[3]. Ich aß die Eier der afrikanischen Strauße und der nordischen Seevögel und probierte die exotischsten Früchte. Außerdem hatte ich auch einen netten Hund, der immer treu auf mich wartete und mir Gesellschaft leistete.

1. **untersuchen** : erforschen.
2. **günstig** : gut, hat einen Vorteil.
3. **bestimmen** : klassifizieren.

Leseverständnis

FIT2 ❶ Was steht im Text? Richtig (R) oder falsch (F)?

	R	F
1. Schlemihl war jetzt zuversichtlicher.	☐	☐
2. Sein Lebensziel wurde das Studium der Natur.	☐	☐
3. Sein Haus war im Tibet.	☐	☐
4. Er sah die ganze Welt außer Australien.	☐	☐
5. Mit einem Paar Pantoffeln konnte er bremsen.	☐	☐
6. Er benutzte Gold als Bezahlung.	☐	☐
7. Er hatte eine Katze.	☐	☐

Lesen

FIT2 ❷ Lies noch einmal Kapitel 10 und wähle die passende Antwort.

1. Schlemihl konnte endlich
   A unter Menschen sein.
   B in der Natur sein.
   C alleine sein.

2. Das Ziel seines Lebens wurde
   A das Studium der Natur.
   B sein Schicksal.
   C er selbst.

3. Sein Haus
   A hatte wenig Raum.
   B war in Grönland.
   C war bequem.

4. Er wollte nach Australien, aber
   A es war zu weit weg.
   B es war unmöglich für ihn.
   C es war eine zu lange Reise.

5. Als Bezahlung benutzte er
   A Bücher.
   B Goldmünzen.
   C Elfenbein.

ÜBUNGEN

Ein bisschen **Grammatik**

3 Bilde Sätze.

1. Westen Afrika ich Richtung wanderte und kam in nach
   Ich wanderte in Richtung Westen und kam nach Afrika.
2. besuchte einige in und ich die Tempel Pyramiden Ägypten
3. ich viele neue und machte ganze sah Welt Erfahrungen die
4. bremsen mit über den konnte Pantoffeln ich Stiefeln den
5. immer damals es in London nebelig Paris war und
6. ich in konnte aller fortsetzen mein Ruhe Studium
7. immer mein mich wartete auf in neuen Haus Hund meinem

4 Verneine folgenden Sätze (manchmal gibt es mehrere Möglichkeiten).

1. Mein Schicksal zeigte mir etwas.
2. Ich war sehr neugierig.
3. Es war bequem und es gab viel Raum.
4. Ich hatte ein großes Problem und wollte eine Lösung finden.
5. Jetzt konnte ich einfach bremsen und nahe Gegenstände leicht untersuchen.
6. Damals war es in London und Paris immer nebelig und das war günstig für mich.

Aussprache

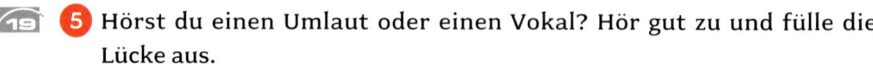
5 Hörst du einen Umlaut oder einen Vokal? Hör gut zu und fülle die Lücke aus.

1. __gypten
2. fr__h
3. L__sung
4. n__mlich
5. gr__ß
6. Hy__nen
7. w__hrend
8. g__nstig
9. k__nnte
10. pl__tzlich

ÜBUNGEN

▶▶▶ INTERNETPROJEKT ◀◀◀

Auf den Spuren von Adelbert von Chamisso in Berlin
Ein Suchspiel

Chamisso hat mit Unterbrechungen von 1796 bis zu seinem Tod 1838 in Berlin gelebt. Noch heute gibt es in Berlin zahlreiche Spuren seiner Anwesenheit in der Stadt.
Gib im Internet in eine Suchmaschine die Begriffe „Chamisso + Berlin" ein. Du wirst überrascht sein, was du alles findest.

1. In welchem Stadtteil von Berlin befindet sich der Chamissoplatz? Liegt die Chamissostraße in demselben Stadtteil?
2. Wie heißt der Park, wo ein Denkmal Chamissos steht?
3. Auf welchem Friedhof ist Chamisso begraben? Welcher berühmter Literat und Zeitgenosse von Chamisso ist auf demselben Friedhof begraben? An welcher U-Bahn-Haltestelle musst du aussteigen, um den Friedhof zu erreichen?
4. Ist die Chamisso-Schule ein Gymnasium oder eine Grundschule?
5. Welche Küche bietet das Restaurant Chamisso an?
6. Chamisso besuchte das Französische Gymnasium. Gibt es diese Schule noch heute?
7. Im Berliner Kreuzberg-Museum findet eine Ausstellung zu Chamisso statt. Wann ist die Eröffnung und wie heißt die Ausstellung?
8. Chamisso hat von 1823 bis zu seinem Tod in der Friedrichstraße Nr. 235 gelebt. Wo liegt die Friedrichstraße? Welche Museen gibt es in der Nachbarschaft? Wie heißt das Restaurant in der Friedrichstrasse Nr. 237?
   Tipp: Für diese Informationen brauchst du einen interaktiven Stadtplan von Berlin. Auch den findest du im Internet.

KAPITEL 11

Schlemihls
neues Leben

E ines Tages war ich in Skandinavien und plötzlich sah ich einen Eisbären. Ich hatte Angst und wollte sofort weg zu einer Insel in der Nähe, aber ich fiel ins Meer, weil ich noch einen Pantoffel am Fuß hatte.

Ich konnte mich retten, aber mir war sehr kalt und ich rannte so schnell wie möglich zur Libyschen Wüste. Dort konnte ich mich in der Sonne trocknen. Doch brannte [1] sie mir zu sehr auf dem Kopf und ich kehrte in den Norden zurück.

Ich rannte nach Westen und danach nach Osten, dann wieder

---

1. **brennen** : durch Feuer verletzen.

nach Norden und nach Süden. Es wurde plötzlich Tag, dann Nacht, Winter und dann Sommer. Ich hatte Fieber, war todmüde, trat jemandem auf den Fuß und... fiel[1] hin.

Nach einer Weile wachte ich in einem Krankenhaus auf. An der Wand vor mir sah ich eine Tafel mit meinem Namen darauf. „Was bedeutet das?" fragte ich mich.

Danach sah ich auch einen netten Mann und eine wunderschöne Frau an meinem Bett sitzen, aber ich wusste nicht, wer sie waren.

Alle hielten mich für einen Juden[2], weil ich einen langen Bart hatte. Ich sah auf der Tafel, dass dort der Name des Krankenhauses stand: Schlemihlium. Das fand ich sehr seltsam.

Die Leute im Krankenhaus waren alle sehr nett und beteten jeden Tag für mich.

Später gab es eine große Überraschung für mich. Ich erfuhr, dass der nette Mann Bendel war und die schöne Frau Mina. Das Krankenhaus befand sich nämlich in Bendels Heimatstadt und war durch mein Geld entstanden. Mina war Witwe[3], ihre Eltern waren gestorben und sie half den Kranken.

Niemand hatte mich erkannt.

Eines Tages waren Bendel und Mina in meiner Nähe und Bendel fragte sie plötzlich: „Warum verbringen Sie soviel Zeit hier? Es ist gefährlich für Sie. Sie könnten auch krank werden."

„Noch geht es mir gut", sagte sie, „und ich habe keine Angst vor dem Tod. Und Sie? Sie könnten auch krank werden."

„Wir beide haben viele Erfahrungen gemacht, schlechte und

---

1. **hinfallen** : zu Boden fallen.
2. **r Jude(n)** : Angehöriger eines semitischen Volkes.
3. **e Witwe(n)** : ihr Ehemann ist tot.

Peter Schlemihls wundersame Geschichte

gute. Ich hoffe nur, dass es unserem Freund, dem guten Schlemihl, jetzt besser geht", antwortete Bendel.

Und Mina: „Ja, das ist auch meine Hoffnung."

Nach diesem Gespräch begann ich zu zweifeln: „Soll ich weiter so tun, als würde ich die beiden nicht kennen?"

Nach einer Weile hatte ich meine Entscheidung getroffen. Ich bat um Papier und Bleistift und schrieb: „Eurem alten Freund geht es jetzt wieder gut." Ich ließ das Papier auf dem Bett zurück, nahm meine Sachen und ging nach Hause.

Ich fand Figaro, meinen Hund, auf der Straße. Er wartete auf mich und war genauso froh wie ich. Ich konnte endlich zu meinen Studien zurückkehren, aber auf Polarkälte hatte ich erst mal keine Lust.

Und so lebe ich noch heute. Die Erde kenne ich wie niemand anders. Ihre Form, ihre Temperatur, ihr Aussehen. Das begeistert mich. Ich beschäftige mich mit Geographie und Naturwissenschaften in Afrika, Asien und Skandinavien und habe mehrere Werke darüber geschrieben.

Hoffentlich behält die Berliner Universität meine Werke auch in der Zukunft, nach meinem Tod. Und hoffentlich wird jemand etwas durch meine Geschichte lernen: Dass man zuerst seinen Schatten und erst dann das Geld respektieren soll.

ÜBUNGEN

Leseverständnis

FIT2 1 Was steht im Text? Richtig (R) oder falsch (F)?

                                                                                R F

1. Schlemihl wachte in einer Klinik auf. ☐ ☐
2. Alle hielten ihn für einen Juden. ☐ ☐
3. Der Name des Krankenhauses war Schlemihlium. ☐ ☐
4. Minas Eltern lebten noch. ☐ ☐
5. Schlemihl erkannte Mina und Bendel sofort. ☐ ☐
6. Mina und Bendel erkannten Schlemihl nicht. ☐ ☐
7. Schlemihls Hund heißt Figaro. ☐ ☐

FIT2 2 Wähle die passende Antwort.

1. Eines Tages war ich in Skandinavien und sah
   A   einen Pinguin.
   B   einen Hund.
   C   einen Eisbär.

2. Ich fiel ins Meer, weil ich noch
   A   einen Stiefel
   B   einen Pantoffel
   C   einen Schuh
   am Fuß hatte.

3. Nach einer Weile wachte ich
   A   in einem Krankenhaus
   B   in einer Klinik
   C   zu Hause
   auf.

4. Alle hielten mich für
   A   einen Dieb.
   B   einen Juden.
   C   einen armen Mann.

5. Das Schlemihlium befand sich
   A   in Bendels Heimatstadt.
   B   in Minas Heimatstadt.
   C   in meiner Heimatstadt.

6. Auf einem Papier schrieb ich
   A   „Eurem neuen Freund geht es jetzt wieder gut."
   B   „Eurem alten Freund geht es jetzt nicht sehr gut."
   C   „Eurem alten Freund geht es jetzt wieder gut."

ÜBUNGEN

3 Lies das Kapitel noch einmal und dann ergänze mit Hilfe der unten stehenden Liste.

> Vaterstadt — Fuß — Juden — plötzlich — Fieber — Wand — danach — Namen — Krankenhaus — Witwe

Ich rannte nach Westen und **1**................. nach Osten, dann nach Norden und nach Süden. Es war **2**................. Tag und dann Nacht, Winter und dann Sommer. Ich hatte **3**................., war todmüde, trat auch jemandem auf den **4**................. und fiel hin. Nach einer Weile wachte ich in einem Krankenhaus auf. An der **5**................. vor mir sah ich eine Tafel mit meinem **6**................. darauf. „Was bedeutet das?" fragte ich mich. Danach sah ich auch einen netten Mann und eine wunderschöne Frau in der Nähe des Bettes, aber ich wusste nicht, wer sie waren. Alle hielten mich für einen **7**................., weil ich einen langen Bart hatte. Ich sah auf der Tafel, dass der Name des Krankenhauses Schlemihlium war. Das fand ich besonders seltsam. Die Leute im Krankenhaus waren alle sehr nett und beteten jeden Tag für mich. Bald hatte ich eine schöne Überraschung. Ich erfuhr, dass der nette Mann Bendel war und die schöne Frau Mina. Das **8**................. befand sich in Bendels **9**................. . Mina war **10**................. und ihre Eltern waren tot. Sie half den Kranken.

Ein bisschen **Grammatik**

4 Ergänze mit der passenden Präposition.

> in — nach — an — mit — für

1. Ich wollte zu einer Insel .... der Nähe, aber ich fiel .... das Meer.
2. Ich rannte so schnell wie möglich .... die Libysche Küste.
3. Dort konnte ich mich .... der Sonne trocknen.
4. Ich wachte .... einem Krankenhaus auf.
5. .... der Wand vor mir war eine Tafel .... meinem Namen darauf.

ÜBUNGEN

6. Die Leute .... dem Krankenhaus beteten jeden Tag .... mich.
7. Alle hielten mich .... einen Juden.

Sprechen

5 Dein Freund hat das Ende der Geschichte noch nicht gelesen und bald kommt der Lehrer und wird ihn fragen. Willst du ihm helfen Beantworte seine Fragen.

1. Was passiert am Anfang des Kapitels?
2. Wo wacht Schlemihl auf?
3. Was sieht Schlemihl auf einer Tafel?
4. Wer hilft Schlemihl?
5. Wie heißt das Krankenhaus? Warum?
6. Erkennen Bendel und Mina Schlemihl?
7. Was schreibt Schlemihl auf ein Stück Papier?
8. Was macht Schlemihl danach?
9. Was denkt Schlemihl am Ende?

Wortschatz

6 Welche Teile passen zusammen? Bilde zusammengesetzte Wörter.

1. Reit-
2. Gold-
3. Sonnen-
4. See-
5. Haus-
6. Wert-
7. Vogel-
8. Holz-
9. Reis-

a. strahlen
b. diener
c. stock
d. münze
e. nest
f. pferd
g. feld
h. gegenstand
i. hund

Der Doppelgänger
in der Literatur

Der Doppelgänger- ein häufiges Thema in der Literatur.
Man interpretiert ihn als die Persönlichkeitsspaltung eines Charakters. Plötzlich erscheint eine neue Figur in der Geschichte, die sich von der Hauptperson trennt, sichtbar und von ihr unabhängig wird.
Es gibt mehrere Arten, wie ein Doppelgänger erscheinen kann: als Schatten (z.B. *Peter Schlemihls wundersame Geschichte* von Chamisso), als Porträt (z.B. *Das Bildnis des Dorian Gray* von Wilde), als Spiegelbild (z.B. *Die Geschichte vom verlornen Spiegelbilde* von Hoffmann) oder sogar als reale Person (z.B. *Der Doppelgänger* von Dostojevski, *William Wilson* von Poe). Diese sieht genau so aus wie der Protagonist, hat manchmal denselben Namen, dieselbe Stimme und dieselben Gewohnheiten, macht dieselbe Arbeit und trägt dieselben Kleider.
Viele Schriftsteller haben sich auf unterschiedliche Weise mit dem Doppelgängermotiv beschäftigt, doch gibt es einige Aspekte, die sie gemeinsam haben. Der Doppelgänger steht in Opposition zum Protagonisten, hat immer etwas Teuflisches an sich, wird unheimlich und macht den Protagonisten Angst. Oft ist er ein treuer und für die Hauptperson untrennbarer Gefährte, wird aber später auch oft zu ihren Gegner oder sogar zum Verfolger. Damit macht der Doppelgänger der Hauptperson das Leben schwer oder sogar unmöglich. Eine Krise entsteht fast immer auf Grund einer Liebesgeschichte. Deswegen will sich die Hauptperson von dem Doppelgänger befreien, meistens durch Gewalt. Dann versucht die Hauptperson den Doppelgänger zu ermorden, doch ist ihr Leben so eng mit dem des Doppelgängers verbunden, dass nur der Selbstmord übrig bleibt.

Das Doppelgängermotiv:
eine psychoanalytische Erklärung

Dieses Thema behandelte Otto Rank, ein Anhänger von Sigmund Freud, in seinem Werk *Der Doppelgänger. Eine psychoanalytische Studie* (1925). Seiner Meinung verursachen die moderne Wissenschaft und die Übermacht der Technik in dem Menschen ein Gefühl des Unbehagens, dass zu einem Identitätsverlust führt. Dies hat Folgen für das Unterbewusstsein. Oft fühlt sich das Individuum irgendwie schuldig oder schämt sich seiner Gefühle, die es in sich selbst nicht akzeptieren kann und weigert sich, die Verantwortung für sich selbst zu übernehmen. Deswegen schafft das Unterbewusstsein eine Doppelgängerfigur, damit es leichter wird, sich von diesen nicht akzeptierten Gefühlen zu distanzieren.

Der Doppelgänger stellt die heimlichen Wünsche dar, die das

Sitzend von links nach rechts: Sigmund Freud, Sàndor Ferenczi und Hanns Sachs; stehend von links nach rechts: Otto Rank, Karl Abraham, Max Eitingon und Ernest Jones.

Individuum in sich immer unterdrückt hat. Rank verbindet dieses Thema mit dem des Narzismus. Eine narzisstische Hauptperson kann „überleben", weil sie ihre nicht akzeptierten Gefühle ihrem Doppelgänger zuweisen kann. Und das kann zwei Folgen haben: entweder empfindet die Hauptperson Angst oder Ekel gegenüber sich selbst oder sie verliert ihren Schatten oder Spiegelbild. Oft will die Hauptperson immer jung bleiben, verbunden mit einer schrecklichen Angst vor dem Tod, die Rank als Unmöglichkeit erklärt, den Selbstverlust zu akzeptieren. Die Erscheinung des Doppelgängers ist nichts anderes als die Vorahnung des Todes. Durch die Ermordung des Doppelgängers will sich die Hauptperson von dessen Verfolgung befreien, aber in Wirklichkeit begeht sie einen Selbstmord, der für sie akzeptabler ist, weil eigentlich ein anderer stirbt.

Textverständnis

1 Welche Aspekte des Doppelgängermotivs gibt es in Peter Schlemihls wundersame Geschichte? Welche nicht?

2 Antworte.

1. Wer war Otto Rank?
2. Was verursacht, seiner Meinung nach, einen Identitätsverlust?
3. Warum schafft das Unterbewusstsein eine Doppelgängerfigur?
4. Mit welchem Thema verbindet Otto Rank das Doppelgängermotiv?
5. Warum kann eine narzisstische Person „überleben"?
6. Was sind deren Folgen?
7. Was bedeutet die Erscheinung des Doppelgängers?

Peter Schlemihl oder
Die Reise nach Varna

Ein Hörspiel

1989, im Jahr des Mauerfalls, produzierte der Rundfunk der DDR das Hörspiel *Peter Schlemihl oder Die Reise nach Varna*. Verfasst von Willi Sagert, von Beruf Hausmeister in der Akademie der Bildenden Künste in Berlin und Freizeitautor. Auf die Frage, warum er sich ausgerechnet mit der Thematik von Schlemihl befasst hat, antwortet er:
„Es ist eine Zeit in der man seinen Schatten furchtbar schnell loswerden kann. Bunter Plunder wird dafür geboten. Inhalte von Kaufhäusern, Heilslehren, Selbsttäuschungen, Statussymbole. Braucht man das? Da möchte ich sagen: Schaut hin, was ist wirklich wichtig für euer Leben. Morgens in den Spiegel schauen und da sein. Auch das Spiegelbild ist mein Schatten. Mein Schatten sagt mir. es gibt mich, das ist mein Kern, den will ich schützen, über den gibt es keine Verhandlung, für keinen Preis ist er zu haben. Chamisso hat nicht gesagt was der Schatten bedeutet. Ich denke ihn mir so. Ich bin ja wie Schlemihl durch viele Länder gereist. Ich habe in indischen Slums das Leben in seiner „rohsten" Form gesehen. Das gab mir eine Menge Stoff zum Nachdenken."

In Willi Sagerts Hörspiel kommt Peter Schlemihl mit seinen Siebenmeilenstiefeln mitten auf dem Berliner Alexanderplatz ins Stolpern. Seine Brille geht kaputt, er bringt sie zum Optiker und Peter muss fünf Tage warten. Ein junger Mann, Arnwald, beherbergt den ewigen Wanderer ohne Schatten und hört dafür an fünf Abenden dessen Geschichte....
Nachfolgend einige Auszüge aus dem Hörspiel:

1. Ein Kind sieht Schlemihl.

Kind: Mutti! Mutti! Der hat ja gar keinen Schatten.
Schlemihl: Sei still!
Arnwald: Was hat das Kind gesagt?
Schlemihl: Ich habe es nicht verstanden.
Kind: Mutti! Nun guck doch mal. Der Opa hat überhaupt keinen Schatten.
Schlemihl: Halt doch den Mund, du schreist ja die Leute zusammen.
   Schnell Monsieur. Retten sie mich. Ich brauche für einen kleinen Augenblick ihren Schatten. Bitte einen kleinen Augenblick!

Arnwald: Mir scheint, sie sind allein ganz schön hilflos. Also kommen sie schon, ich habe noch eine kleine Kammer, in der können Sie wohnen.

Schlemihl: *(überschwänglich)* Vielen, vielen Danke Monsieur, Sie befreien mich wirklich aus einer peinlichen Lage. Zum Dank erzähle ich ihnen meine höchst wertvolle Geschichte. Sie lehnen es nicht ab, nicht wahr?

Arnwald: Wenn es sein muss. Ich fühle mich so schwach, aber ich habe doch wirklich nur drei Gläser Wein getrunken!

Schlemihl: Als ich 19 war, das ist schon 188 Jahre her, kam ich nach Hamburg. Ich war aus meiner Heimatstadt geflohen.
Sie hatte mir wenig Glück gebracht. Ich besaß dort eine kleine graphische Werkstatt und ich konnte recht gut davon leben. Aber dann brannte das Haus bis auf die Grundmauern ab. Brandstiftung, sagte man auf der Gendarmerie. Nun hatte ich nichts mehr, Monsieur, und auch die Leute, die sich vorher meine Freunde nannten, verschwanden ganz einfach.

Arnwald: Ja, ja, ich weiß, kein Geld, keine Freunde.

Schlemihl: Ich war enttäuscht und wollte nur fort. Der Gendarmerieoffizier hatte Mitleid und gab mir ein Empfehlungsschreiben für einen gewissen Herrn John. Herr John war der Besitzer der größten Reederei in Hamburg.

2. Schlemihl trifft Herrn John.

Der Graue: Bitte, was kann ich für sie tun?

Schlemihl: Ich möchte zu Herrn John.

Der Graue: Der Herr ist im Garten, wenn Sie sich die Mühe machen wollen, mir zu folgen.

(...)

[23] **Der Graue:** Herr ... hier ist jemand für sie.

Schlemihl: Schlemihl. Verzeihung. Darf ich ihnen einen Brief...?

John: *(barsch)* Her! (...)

[24] **John:** Also der Polizeioffizier schickt sie, Schlemihl?

Schlemihl: Ich würde gerne bei ihnen arbeiten.

> *Herr John unterhält sich mit einer jungen Dame. Die Dame zerreißt an einer Rose ihr Kleid. Der Graue zaubert zuerst ein blaues Kleid aus seiner Tasche, dann verlegt er den Hafen mit einem Schiff von Herrn John in den Garten.*

Schlemihl: *(noch verdattert)* Ich habe mal im Zirkus gesehen, wie einer ein Klavier von der Bühne zaubert ...

Der Graue: *(klagend)* Schlechte Zeiten, niemandem kann man mehr etwas recht machen. Ich tue Wunder um Wunder, bin' immer da, wenn man mich braucht und auch sonst, aber meinen sie, einer sagt danke? Der Anblick ihres Schattens könnte mich trösten. Aber es ist leider ihr Schatten und nicht der meine. Wenn er der meine...wäre *(ärgerlich)* Wringen sie ihn doch erst mal aus, er holt sich ja den Tod. Das beste wäre, sie überlassen ihn mir.

Schlemihl: Meinen Schatten? Wozu, wenn ich fragen darf?

Der Graue: *(klagend)* Irgendetwas muss man ja sammeln.

Schlemilil: Aber ich gebe ihnen doch nicht einfach meinen Schatten. Wo denken sie hin?

Der Graue: *(lauernd)* Nichts ist umsonst. Ich kenne die Spielregeln. Ich kann alles besorgen. Brauchen Sie *(flüstert etwas)*

Schlemihl: Ob ich was brauche? Eine Frau? Ich habe keinen Pfennig in der Tasche und sie wollen, dass ich eine Frau durchfüttere?

Der Graue: Da habe ich mich aber geirrt. Was habe ich denn noch? Einen Ausflug nach Amerika? Mögen sie einen Ausflug nach Amerika?

Schlemihl: *(dem es unheimlich wird)* Ich glaube, ich gehe jetzt lieber.

Der Graue: Nein, warten sie, gehen sie nicht fort. Hier habe ich noch etwas Ich zeige es wirklich nur Ihnen. Ich hänge dran *(gnatzig)* Die Unbescheidenheit nimmt wirklich überhand. Hier! Na?

Schlemihl: Ein Tabaksbeutel? Einen schäbigen Tabaksbeutel und dafür wollen Sie meinen Schatten?

Der Graue: *(gekränkt)* Tabaksbeutel! Glauben Sie, ich laufe herum und betrüge die Leute mit Tabaksbeuteln? Es ist das Glückssäckel. Greifen sie rein. Halsabschneider!

Schlemihl: Goldstücke.

Der Graue: Und noch einmal.

Schlemihl: Goldstücke.

Der Graue: Und noch einmal. *(lauernd)* Na, was sagen Sie nun?

Schlemihl: *(begeistert)* Mir ist plötzlich, als hätte ich so etwas mein Leben lang gesucht.

Der Graue: *(hinterlistig)* Das kann ich mir vorstellen. Sie brauchen nicht zu befürchten, dass diesem Säckel einmal die Luft ausgeht. *(böse)* Halsabschneider!

Schlemihl: *(fröhlich)* Herr John! Herr John, Sie können mich mal.

Schlemihl: *(ängstlich)* Was machen Sie da?

Der Graue: Ach nichts. Ich rolle nur Ihren Schatten zusammen. Sehen Sie, ordentlich zusammengefaltet, passt er in jede Jackentasche.

Schlemihl: Ich habe irgendwie das Gefühl, mir wird übel. Wer sind sie, dass sie so etwas können? Wer sind sie???

Der Graue: Regen sie sich nur nicht so auf. Es schadet dem Herzen. Viel Glück!

3. Schlemihl hat Bendel in seine Dienste aufgenommen und ihn gebeten, ihm einen Kunstmaler zu besorgen.

Kropinski: Sie haben mich hergebeten?

Schlemihl: Mit wem hab ich die Ehre?

Kropinski: Kropinkski. Kunstmaler. Sie kennen mein Werk?

Schlemihl: Wie könnte ich nicht.

Kropinski: Ein interessanter Kopf. Ein sehr interessanter Kopf, wünschen Sie ein Porträt?

Schlemihl: Nein, Herr Kropinski, kein Porträt bitte. Ich habe Sie hergebeten ... ich bin in einer misslichen Lage.

Kropinski: So misslich kann ihre Lage ja wohl nicht sein. Sie sind ja nicht gerade ärmlich eingerichtet.

Schlemihl: Malen Sie mir einen Schatten.

Kropinski: Habe ich Sie richtig verstanden, einen Schatten?

Schlemihl: Auf Geld kommt es mir nicht an. Ich mache sie reich. Steinreich.

Kropinski: Meinen Sie, Sie können meine Ehre mit Füßen treten? So nicht, mein Herr, so nicht. Ich bin doch nicht zu jeder Lumperei bereit. Wenn ich mir die Frage erlauben darf, wo, bitte, haben sie denn Ihren Schatten?

Schlemihl: In Russland.

Kropinski: Lassen sie die Russen aus dem Spiel.

Schlemihl: Ich war vor wenigen Monaten hoch oben im Norden. Wahrscheinlich hat er sich im Packeis verirrt.

Kropinski: Und wenn ich Ihnen einen male, sie würden ihn beim ersten Schritt verlieren. Sie können ja nicht einmal auf ihren eigenen aufpassen. Wenn sie keinen Schatten haben, dann gehen Sie nicht in die Sonne. Adieu.

Bendel: *(kommt)* Er lief, als wäre der Teufel hinter ihm her.

Schlemihl: *(wütend)* Ich habe keinen Schatten, Bendel. So nun weißt du es.

Bendel: Was meinen Sie denn, warum ich mitgekommen bin? Meiner ist glaube ich auch etwas blass. Fast hätte ich es vergessen. Es war noch jemand hier. Er kommt in einem Jahr wieder, sagt er, und dann würde er Ihnen ein Geschäft vorschlagen, über das sie sehr glücklich wären.

Schlemihl: Wie sah er aus?

Bendel: Grau, wie Asche.

4. Schlemihl lernt Christina kennen.

Schlemihl: Brr! Steigen Sie ein.

Christina: *(lakonisch)* Nein.

Schlemihl: Sie sind ja völlig durchgeweicht. Sie werden sich erkälten. Steigen Sie ein.

Christina: *(lacht)* Ich war in meinem ganzen Leben noch nie erkältet.

Schlemihl: Dann nehmen Sie wenigstens den Umhang.

Christina: *(lacht)* Sie sind komisch, was sollen die Leute denken? Ich bin doch keine feine Dame.

Forstmeister: Christina, da bist du ja endlich. Es ist nett, Herr Graf, dass Sie sich meiner Tochter angenommen haben.

Schlemihl: Sie hat mir nicht gestattet, dass ich mich ihrer annehme, Forstmeister.

Forstmeister: Aber Christina, das ist doch der Herr Schlemihl, der mit dem schönen Schloss. Sie ist ein dummes Ding, Herr Schlemihl, nehmen Sie es ihr nicht übel. Kommen Sie uns doch einmal besuchen, nicht wahr, Christina?

Christina: Oh ja, wenn mein Vater es wünscht, dann kommen Sie nur.

Schlemihl: Es würde mir wirklich ein Vergnügen sein.

5. Schlemihl und Christina feiern ihren 18. Geburtstag. Schlemihl hat Christina einen Heiratsantrag gemacht.

Christina: *(sehr freudig)* Heiraten! Peter, du bist wunderbar.
(sie singt) Wir heiraten. Ich werde heiraten, bald bin ich verheiratet! Hochzeit!

Forstmeister: Und wenn Sie sie auf der Stelle heiraten. Mir soll es recht sein.

Schlemihl: Nein, ich muss warten.

Forstmeister: Warten, aber ich bin einverstanden!

Schlemihl: Nur zwei Monate, ich habe meine Gründe.
Forstmeister: Sie sind ein schlauer Kerl. Sie wollen Ihr Schloss vergrößern? Eine Familie braucht Platz für ihr Glück.
Schlemihl: Es gibt noch einen anderen Grund.
Forstmeister: Na, Sie werden es schon wissen. Christina! Christina! Komm sing uns was.
Christina: *(singt und spielt Klavier)* Üb immer Treu und Redlichkeit bis an das kühle Grab und weiche keinen Fingerbreit von Gottes Wegen ab.
Forstmeister: Bravo, Bravo!
Schlemihl: Bereitet ein Fest vor. Ein Fest, das die Welt nicht vergisst. Hier habt Ihr Geld. Geld, Geld. *(Er streut Münzen mit vollen Händen)*
Alle: Ein Fest, hurra, ein Fest!
Christina: *(leise)* Peter, Liebster.

6. **Schlemihl wartet vergeblich auf den grauen Mann. Schemihl sagt Christina, dass er sie noch nicht heiraten kann. Christina entdeckt, dass Schlemihl keinen Schatten hat.**

Schlemihl: Christina, ich muss dir etwas sagen.
Christina: Du liebst mich.
Schlemihl: Ja, Christina. Aber es ist auch noch etwas anderes.
Forstmeister: Ruhe bitte! Ruhe! Seht nur unsere beiden Verliebten. Ich glaube, ich spreche in Ihrem Namen, wenn ich heute Ihre Verlobung bekannt gebe.
Schlemihl: Aber das geht nicht. *(Schweigen)* Jetzt noch nicht.
Forstmeister: *(verblüfft)* Ach?
Christina: *(entsetzt)* Peter!!!
Schlemihl: Christina, ich will es dir erklären.
Christina: *(verzweifelt)* Was willst du denn erklären? Was?
Schlemihl: Ich will dich heiraten, glaube es mir, aber nicht jetzt.
Christina: Wann dann?
Schlemihl: Ich weiß es noch nicht. Das hängt nicht von mir ab.
Christina: Du liebst mich nicht mehr. Du hast eine andere. Was ist das? Papa! Er hat überhaupt keinen Schatten.
Forstmeister: Kind, keinen Schatten! Ich wusste es gleich. Er kam mir doch gleich verdächtig vor. Kein Geld für die Kanone, keine Vaterlandesliebe und nun keinen Schatten. Christina, lass ihn doch los, geh in dein Zimmer. Und Sie, mein Herr, verlassen sofort mein Haus. Unter diesem

Dach wohnen brave Leute. *(beginnt zu beten)* Vater unser, der du bist im Himmel…

7. Ein Kind schenkt Schlemihl Siebenmeilenstiefel.

Junge: *(sehr zarte Stimme)* He fremder Freund.
Schlemihl: Wer bist du?
Junge: Du hast ganz schön zerrissene Stiefel.
Schlemihl: Ich bin viel gelaufen.
Junge: Hier nimm diese, sie sind nicht schön, aber viel, viel besser als deine.
Schlemihl: Danke, Junge.
Junge: Zieh sie an und lauf. Die Welt sei dein Haus. Deine Heimat der Wind, dein Schlaf sei Wachsein. Deine Ruhe sei Gehen. Ich verrate dir ein Geheimnis, mein Freund. Die Erde ist eine Kugel und sie beginnt immer wieder von vorn.
Schlemihl: Warte!
Junge: *(verhallt)* Adieu …

Schlemihl: So kam ich zu meinen Siebenmeilenstiefeln. Ich bin überall auf der Welt gewesen. Aber die Sehnsucht nach einem Ort, der nur mir gehört, ist geblieben. *(müde)* Ich habe Pflanzen gesammelt, die Botanik studiert und schließlich bin ich in dieser Stadt gestürzt…

Abschlusstest

① Bilde Sätze.

1. grauen Schlemihl dem verkauft seinen Mann Schatten.
2. Er ein dafür voller goldener bekommt Glückssäckel Münzen.
3. Schatten Leute seinen Alle fehlenden bemerken.
4. Diener heißt Schlemihls treuer Bendel.
5. verliebt Schlemihl und Fanny sich in Mina.
6. verkaufen will Schlemihl seine nicht Seele.
7. Schlemihls Natur Lebensziel der das Studium wird.

② Was passt?

1. Am Anfang der Geschichte ist Schlemihl sehr *arm/reich*.
2. In der Tasche findet Schlemihl *silberne/goldene* Münzen.
3. Schlemihl findet Bendel sofort *sympathisch/unsympathisch*.
4. Schlemihl findet Mina besonders *schön/hässlich*.
5. Rascal will unbedingt Schlemihls *Gold/Schatten* sehen.
6. *Bendel/Rascal* heiratet Mina.
7. Dank der *Sechsmeilenstiefel/Siebenmeilenstiefel* kann Schlemihl schnell reisen.

③ Ergänze mit der passenden Präposition.

1. Peter Schlemihl ist ein Mann .... Schatten.
2. Schlemihl ist .... Mina verliebt.
3. Der Mann .... Grau ist der Teufel.
4. Bendel wartet .... Hause .... Schlemihl.
5. Schlemihl sieht Bendel und Mina .... seinem Traum.
6. Schlemihl kauft die Siebenmeilenstiefel .... dem Markt.
7. Schlemihl trifft Bendel und Mina .... einem Krankenhaus.

ABSCHLUSSTEST

4 Verbinde.

1. Schlemihl bereut die Entscheidung,
2. Der graue Mann will
3. Schlemihls Liebegeschichten enden,
4. Mit Hilfe der Siebenmeilenstiefel
5. Mit dem Glückssäckel glaubt Schlemihl,

a. als Fanny und Mina seinen fehlenden Schatten bemerken.
b. alle seine Probleme gelöst zu haben.
c. seinen Schatten verkauft zu haben.
d. Schlemihls Schatten gegen seine Seele tauschen.
e. bereist Schlemihl die ganze Welt.

5 Immer der Reihe nach. Nummeriere in zeitlicher Folge.

a. [1] Schlemihl verkaufte seinen Schatten.
b. [ ] Schlemihl wollte den Zettel nicht unterschreiben.
c. [ ] Schlemihl wollte seinen Schatten zurückkaufen.
d. [ ] Alle Leute bemerkten seinen fehlenden Schatten.
e. [ ] Schlemihl verliebte sich in Mina und wollte sie heiraten.
f. [ ] Schlemihl befreite sich vom grauen Mann.
g. [ ] Mina heiratete Rascal.
h. [ ] Bendel und Mina erkannten ihn nicht.
i. [ ] Schlemihl begriff die Bedeutung seines Schattens.
j. [ ] Schlemihl verriet Bendel sein Geheimnis.

ABSCHLUSSTEST

6 Was steht im Text? Richtig (R) oder falsch (F)?

	R	F
1. Herr John hilft Schlemihl sofort.	☐	☐
2. Bendel ist immer sehr behilflich.	☐	☐
3. Schlemihl wird König von Preußen.	☐	☐
4. Der graue Mann verfolgt Schlemihl.	☐	☐
5. Rascal wird Schlemihls bester Freund.	☐	☐
6. Der graue Mann wird Schlemihls Diener.	☐	☐
7. Schlemihl sieht Rascal und Fanny im Schlemihlium.	☐	☐

7 Was denkst du? Hat dir diese Geschichte gefallen? Warum? Warum nicht? Schreib einen kurzen Text (zirka 50 Wörter).

....
....
....
....
....

Lösungen

Seite 110 – Übung 1
1. Schlemihl verkauft dem grauen Mann seinen Schatten.
2. Er bekommt ein Glückssäckel voller goldener Münzen dafür.
3. Alle Leute bemerken seinen fehlenden Schatten.
4. Schlemihls treuer Diener heißt Bendel.
5. Schlemihl verliebt sich in Fanny und Mina.
6. Schlemihl will nicht seine Seele verkaufen.
7. Schlemihls Lebensziel wird das Studium der Natur.

Seite 110 – Übung 2
1. arm / 2. goldene / 3. sympathisch / 4. schön / 5. Schatten / 6. Rascal / 7. Siebenmeilenstiefel.

Seite 110 – Übung 3
1. ohne / 2. in / 3. in / 4. zu – auf / 5. in / 6. auf / 7. in.

Seite 111 – Übung 4
1. c. / 2. d. / 3. a. / 4. e. / 5. b.

Seite 111 – Übung 5
a. 1 / d. 2 / j. 3 / e. 4 / c. 5 / b. 6 / g. 7 / f. 8 / h. 9 / i. 10

Seite 112 – Übung 6
1. R / 2. R / 3. R / 4. R / 5. R / 6. R / 7. R

112